JN094182

今すぐ使える！

特別支援教育
音声ペン活用教材
40

教科学習・自立活動で子どもたちの

読む・聞く・話すをサポート

生田茂＋根本文雄＋富山仁子＋山口京子＋石飛了一
〔編著〕

合同出版

まえがき

　音声を活用した手作り教材を制作し、日常の教育実践に挑戦する本研究活動は、編著者の一人である私が、東京都立大学から筑波大学附属学校教育局に異動した16年前に始めました。附属学校を訪ねてみると、「発語のない子どもも、みんなと同じように朝の会や帰りの会で日直をできないだろうか？」「自分の思いを相手に伝えることができず、もどかしい思いをしている子どもたちが、自分の思いを他人に伝える手段はないだろうか？」「絵カードと文字と発音をリンクさせる教材はできないだろうか？」など、教師からたくさんの相談を受けました。

　附属学校の教師と、これまではできなかったことを『できるようにする』取り組みに挑戦してみよう！　と、音声を活用した取り組みを始めることを決意しました。

　最初に導入したのは、今でも新宿日本語学校や奥多摩町立氷川小学校などで用いられている「オリンパスの開発した二次元ドットコード ScanTalk」を使った教材でした。音声を二次元コードの形で、普通紙に直接印字し、ScanTalk リーダーで読み取って再生する仕組みです。このオリンパスのシステムを使ってたくさんの優れた実践を生み出した一方で、上肢が不自由な子どもたちや低学年の児童は長いドットコードを真っ直ぐになぞることができず、活動に参加できない事態も生まれました。そこで、ドットコードに触れるだけで音声が再生される新しいシステムを探し回ることにしました。そしてたどり着いたのが、ドットコードにタッチする音声ペンでした。当時、いくつかの音声ペンが開発されていましたが、グリッドマーク株式会社だけが教材を作成できるソフトウェアを提供してくれました。

　こうして、音声ペンとドットコードシールで作成した手作り教材を用いた教育実践をスタートさせることができました。この間、私は、教職課程を教える大学に異動となりましたが、附属学校の教師を始めとする全国の教師と、16年の間、息の長い取り組みを続けることができました。

国内だけでも 200 名を超える学校の教師が、音声ペンを使って手作り教材を作成し、教育実践を行っています。グリッドマークの皆さんのご好意で、「パソコン操作の苦手な教師でも簡単に手作り教材を作れるように」と開発していただいた Sound Linker、File Linker、GCV などのソフトウェアを、学校の教師を中心とする研究プロジェクトのメンバーには無料で配布させていただいています。

　研究プロジェクトに参加している皆さんには、年度末に、制作した教材や実践の様子を送っていただき、報告書としてまとめ、全国の皆さんと共有する活動を行ってきました。また、アメリカの IGI-Global 社を中心とする出版社の Chapter Paper として、全世界の仲間に、取り組みの様子や成果・課題について報告をしています。

　一人ひとりが抱える困難の種類やその困難さの度合いが違うことから、「一人ひとりの困り感に対応した教材の開発を行う」ことを大切にしています。

　本書は、こうした全国の学校の教師が、忙しい日常の中で、目の前の子どもたちの抱える困難の軽減や解消を目指して取り組んだ実践事例をまとめたものです。本実践事例集が、音声ペンを用いた活動を行っている教師だけでなく、これからやってみようと考えている教師の参考になればうれしく思います。

　自分のクラスの子どもたちが抱える困難と照らし合わせながら、本書をお読みいただき、「手作り教材を作成し、教育実践を行う取り組み」に加わっていただければうれしく思います。

編著者代表　大妻女子大学

生田　茂

もくじ

まえがき ……………………………………………2
音声ペンとドットコードリーダーについて ………………………………6

G-Speak 編

司会・進行

1　朝の会・帰りの会の手順表と進行カード …………………… 8
2　朝の会・帰りの会の司会をしよう ………………………… 10
3　音声ペンを支える補助具とカード ………………………… 12
4　お店の接客用語シート ……………………………………… 14

自分の気持ちを伝える

5　今どんな気持ち？ …………………………………………… 16
6　相手に伝わるコミュニケーション ………………………… 18
7　自分の気持ちをみんなに伝えよう！ ……………………… 20
8　現場実習報告シート ………………………………………… 22
9　頑張ったことを発表しよう ………………………………… 24

教科学習

10　聞いて、読んで、はめて覚えよう ………………………… 26
11　文字の読み指導 ……………………………………………… 28
12　ひらがなと音のマッチング 50 音表 ……………………… 30
13　言葉を育む「ことばイラストカード」……………………… 32
14　見て、聞いて、ひらがなを学習しよう …………………… 34
15　語彙カード …………………………………………………… 36
16　点字で計算学習 ……………………………………………… 38
17　国際交流をしよう …………………………………………… 40
18　英語の不規則動詞変化表 …………………………………… 42
19　ALT の声に合わせて発音練習 ……………………………… 44

生活単元学習

20　繰り返しリズムを確認しよう ……………………………… 46
21　しゃべるポスターでおばけやしきをアピール …………… 48
22　みんなで絵合わせカルタ …………………………………… 50
23　沖縄の曲を紹介しよう ……………………………………… 52
24　音のしおり・日記 …………………………………………… 54

特別活動・自立活動など

25　お口の体操あいうえお ……………………………… 56
26　スケジュールカード作り ……………………… 58
27　好きなドーナツ調べ ………………………… 60
28　お話シート ……………………………………… 62
29　好きな曲を聞こう ……………………………… 64
30　４か国語の『はらぺこあおむし』 …………… 66
31　動物公園を学ぼう！ …………………………… 68
32　都道府県しらべ ………………………………… 70
33　おすすめの本を紹介 …………………………… 72
34　工作の成果を発信 ……………………………… 74

合理的配慮

35　試験問題の読み上げ …………………………… 76

G-Pen Blue 編

36　バスケットボールのお手本動画 ……………… 80
37　動画を見てケーキを作ろう …………………… 82
38　ごはんとみそ汁の調理 ………………………… 84
39　学年ソングを手話で覚えよう ………………… 86
40　作業学習動画説明書 …………………………… 88

他の先生はこんな教材も作っています ……………… 90

操作の手引き

1　ドットコードシール ……………………………… 98
2　シールに音声をリンクするには ……………………100
3　動画をシールにリンクし、再生する方法 …………113
4　Mac で音声ペン用のコンテンツを作る方法（Magical Sheet 用）…………126
5　Mac で音声ペン用のコンテンツを作る方法
　　（グリッドマークの新しいシート dot sticker 用）………………130
unix コマンド …………………………………………132

手作り教材の制作と教育実践 Q&A ……………… 133
あとがき…………………………………………… 136
参考文献…………………………………………… 138
編著者紹介………………………………………… 141
執筆者一覧………………………………………… 142
入手先一覧………………………………………… 143

●音声ペンとドットコードリーダーについて

　本書は、グリッドマーク株式会社から販売されている音声ペン (G-Speak) とドットコードリーダー (G-Pen Blue) を使った教材のガイドブックです。

【ドットコードとは】

　極小の点（ドット）で構成される二次元コードの技術です。印刷されたドットコードを専用のスキャナー（音声ペンやドットコードリーダーなど）で読み取ることで、音声や動画などのデジタルコンテンツに簡単にアクセスできます。

【音声ペン・ドットコードリーダーとは】

　音声ペン：ドットコードを印刷したシールにタッチすることで、リンクした音声や動画などを再生することができます（音声ペンとドットコードシールがセットになったものが販売されています）。

　ドットコードリーダー：Gridmark Content Viewer (GCV) を用いて動画などをリンクしたシールをタッチすることで iPad のスクリーン上に再生することができます。

　本書では、音声ペン G-Speak を用いた教材を中心に、学校における教育実践の取り組みのようすを詳しく紹介しています。教育現場で iPad が活用されるようになったこともあり、iPad に動画などを再生する G-Pen Blue についても紹介しています。詳しい操作方法などは「操作の手引き」（98 ページ）を参照してください。

　　　　　　＊音声ペン・ドットコードシール・各ソフトウェアなどの入手方法は 143 ページを参照してください。

　本書に掲載の教育実践は、それぞれの学校長の許可を得て行われています。また、児童生徒や保護者に実践の内容を説明し、許諾をいただいています。

　全国の特別支援学校の教師を中心とする「手作り教材の制作と教育実践」の活動にご理解とご支援をいただきました東洋大学ライフデザイン学部 是枝喜代治教授、東海大学健康学部 菅野和恵准教授、国立特別支援教育総合研究所情報・支援部 土井幸輝主任研究員に感謝申し上げます。

　学校の教師への「音声ペン、ソフトウェアやドットコードシール」の無償貸与にあたっては、科学研究費補助金、大妻女子大学戦略的個人研究費のお世話になりました。

G-Speak 編

G-Speak

G-Speak に内蔵されているマイクロフォンで録音し、ドットコードシールにタッチするだけで音声がリンクできます。その後 G-Speak でシールにタッチすると、ドットコードシールにリンクした音声が再生されます。無料で貸与されるソフトウェアを使うことで、それぞれのドットコードシールに、最大で 10 個の音声をリンクすることができます。

朝の会・帰りの会の手順表と進行カード

手順を覚えるのが難しく、発語もないので一人で司会進行をするのは難しい状態です。教師の指示や代弁に頼っていると「できた」「わかった」という達成感を感じられず、活動への興味も失ってしまいます。

ねらい

● 機器を使ったコミュニケーションで、伝わった経験を積み重ねる。

● できた経験を繰り返し、モチベーションを高める。

● 人への興味関心を高め、集団に参加する。

材料

ラミネーター一式・PP（ポリプロピレン）シート・マジックテープ・両面テープ
ドットコードシール・音声ペン・Bluetooth トランスミッター・スピーカー

作り方

❶ 朝の会（帰りの会）の内容を決め、進行シートと同じイラストを使った手順表のカードを作成します。両方ともラミネートをかけます。

❷ 手順表には裏に PP シートを貼りつけて強度を高め、めくれるように綴じておきます。

❸ 進行シートのイラストの横にドットコードシールを貼りつけます。

司会進行する言葉を音声ペンに録音し、ドットコードシールとリンクします。

＊シールをラミネートで包んでも音声はくっきりと再生されます。ラミネートする前にドットコードシールを貼るとはがれにくくなります。

❹ 音声ペンに Bluetooth トランスミッターを装着します。電源コードがじゃまになるときは輪ゴムなどで留めておきます。

❺ スピーカーと音声ペン、トランスミッターの設定をします。

❶児童の手元に手順表と進行シート、音声ペンを用意し、スピーカーを設定しておきます。

❷めくり式の手順表で進行状況を確認します。

❸手順と同じイラストが描いてある進行シートの場所を確認します。どこかわからず混乱しているときは、手順表を近くに提示したり一緒に指差ししたりして確認します。

❹イラストの横に貼りつけているドットコードシールに音声ペンでタッチします。

＊他のドットコードシールにタッチしてしまう場合は、1回ごとに音声ペンを教師に返すよう促します。

司会・進行

自分の気持ちを伝える

教科学習

生活単元学習

特別活動・自立活動など

合理的配慮

　遊び感覚の中でできたことを認められるうちに、やる気が高まり、一人で進行や道具の準備ができるようになりました。友達に注意を向けることで状況を理解し自分の感情をコントロールできるようになり、パニックになることが減りました。

2 朝の会・帰りの会の司会をしよう

知的障がいを持つ自閉症の児童は発語がなく、朝の会の進行などは教師と一緒にハンドサインで行っています。自分一人で行うことはまだ難しい状況です。ダウン症の児童は発音が不明瞭で、話した内容を周りが聞き取れないことがあります。

ねらい

● 発語のない児童が一人で会の進行を行うことができる。
● 発音が不明瞭でも自信を持って会を進行することができる。

材料

朝の会、帰りの会の進行シート・ラミネーター一式・段ボール・穴開けパンチ
リング 2 個・ドットコードシール・音声ペン

作り方

❶ 朝の会の流れを制作し、A4 判サイズで印刷します。

❷ ラミネートしてからドットコードシールを貼ります。

❸ 穴開けパンチで穴を開けて 1 冊にまとめます。

＊慣れていない子どもが使用する場合、用紙の後ろ側にスチレンボードを貼ると安定して、音声ペンでタッチしやすくなります。

❹ 音声ペンのマイクロフォン機能を使って音声を入力し、対応するドットコードシールにリンクします。

＊この児童の場合、ほかの児童の声を録音して使用することで意欲が高まりました。

❶発語のない児童たちが朝の会や帰りの会の進行を一人でできるように、めくり式の司会・進行カードを使用しました。発音が不明瞭な児童たちには発語の補助として使用します。

❷会の進行に合わせて1枚ずつカードをめくり、音声ペンでドットコードシールをタッチして会を進めます。

❸タイミングが難しい児童の場合には教師がめくり、シールのタッチを促すことで進行できるようにします。

❹発語がある児童でも会の進行の目安となるので、音声を手がかりに会を進めることができます。進行をするのにちょっと自信がない児童も、音声ペンで再生された音声の後にもう1度言うことで、はっきりした発音で言うことができるようになります。

❺発音が不明瞭な児童も、はっきり伝わることで自信を持って活動に取り組むことができます。

今まで司会・進行を行うのに教師の支援が必要だった児童が、音声ペンで進行カードを使用することで、一人でも司会・進行を行うことができるようになりました。ダウン症や発語が苦手な児童にも音声ペンの活用が有効で、自分から進んで当番の仕事に取り組むようになりました。

司会・進行

自分の気持ちを伝える

教科学習

生活単元学習

特別活動・自立活動など

合理的配慮

3 音声ペンを支える補助具とカード

重度重複障がい（上肢全廃・下肢全廃）のため、車いすを使用しています。自分で手や指を動かすことができません。経鼻経管栄養です。発語はありませんが、動くものや人をよく見ています。うれしいとにっこり笑顔になります。

ねらい

- 自分で音声ペンを持って朝の会の司会を行う。
- おしゃべりの疑似体験をする。
- 司会をすることで、友達が行動する様子を見る。

材料

段ボール箱・ホワイトボード・朝の会手順カード
元気調べ用友達の写真・マグネット・ドットコードシール・音声ペン

作り方

① 段ボールの空き箱で、腕を支える補助具を作成します。ホワイトボードを貼りつけると丈夫になります。

② 段ボールの傾斜で腕を固定させることで、音声ペンを握ったままの状態を補助します。

＊音声ペンを押すところが見えるようにします。

③ 朝の会の司会者の言葉を録音し、手順カードに貼ったドットコードシールにリンクします。

④ 紙の後ろにマグネットをつけ、ホワイトボードに貼れるようにします。

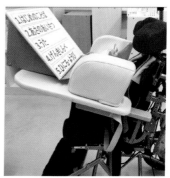

❶自立活動の時間に、補助具の角度を
調整し、音声ペンを握ってドット
コードシールをタッチする練習をし
ます。

❷教師と一緒に朝の会の手順を練習し
て、使い方を確認します。
補助具を使うことで、腕が固定され
音声ペンを握ってドットコードシー
ルをタッチすることができます。
ドットコードシールをタッチすると
ころを自分で見ることができます。

げんきしらべをします

「〇〇さん」
「げんきですか？」

❸当番のとき、教師と一緒に音声ペンを使って司会を行います。

❹教師と同じ方法で、友達と一緒に朝の会の司会をします。
友達と一緒にできるように、教師の支援を段階的に減らします。

司会・進行

自分の気持ちを伝える

教科学習

生活単元学習

特別活動・自立活動など

合理的配慮

　音声ペンを見せるとにっこりするようになりました。音声ペンで音声を再生
すると、友達が注目してくれるのがうれしく、音声で友達が立ったり動いたり
すると笑顔になりました。音声ペンを使って、朝の会の司会ができました。友
達と一緒に司会をすることで関わりが増えていきました。

4 お店の接客用語シート

中度の知的障がいのある生徒です。内言語はある程度育っていて、大人からの指示はおおむね理解することができるものの、発語は「ママ」「ハイ」に限られています。日常生活の流れは理解しており、文字の理解は少ないものの、イラストのついたスケジュール表を見ながら見通しを持って生活しています。自分の伝えたいことをジェスチャーで示しても、なかなか伝わらず、イライラしています。

ねらい

● 場面に応じて、正しい用語を選んで接客することができる。

● お客様との接客を通して、コミュニケーションを楽しむことができる。

● 班員としての役割を果たすことで、自己肯定感の向上を図る。

材料

ドットコードシール・音声ペン・ラミネーター一式・ひも
簡易スピーカー・接客用語シート

作り方

❶ 音声ペンに約3倍の音を出力できる簡易スピーカーを取りつけます。

❷ 5つの接客用語のせりふとイラストを記載した「接客用語シート」を用意します。

❸「接客用語シート」をラミネート加工し、ひもで音声ペンと結びます。

❹ せりふを読み上げ音声ペンで録音し、ドットコードシールにリンクします。「接客用語シート」に貼りつけます。

使い方

❶ 言葉が不明瞭で接客が難しい生徒に用意し、練習をします。

❷ 接客状況に応じて、「今はどんな言葉をかけたらよいかな？」と声を
かけ、どのせりふやイラストを選べばよいか質問します。せりふの文
字だけではイメージしにくいので、イラストも用意します。

❸ 利用している生徒が「いらっしゃい
ませ」などのドットコードシールを
選んで音声を出力できたら、周囲の
班員や教師も合わせて「いらっしゃ
いませ」と同じせりふを復唱し、正
しいせりふであることを確認してほ
めます。

❹ 自信を持って自発的な行動場面が増
えるように、「お客様が喜んでくれ
たね。次の人にもやってみよう」な
どと言葉をかけます。班員としての
所属意識が高まるように、全員で一
緒に取り組みます。

　今までの接客活動では、言葉が不明瞭なために接客活動が制限されていまし
たが、音声ペンを使ったところ、積極的に接客する姿が見られました。会話を
楽しむことができるようになり、自己肯定感が高まった様子が印象的です。

司会・進行

自分の気持ちを伝える

教科学習

生活単元学習

特別活動・自立活動など

合理的配慮

今どんな気持ち？

知的障がいで簡単な単語を使って話せますが、発音が不明瞭です。また失敗したり、自分の思いとちがう状況になったりしたときには頑なになってしまい、次の行動になかなか移れません。

ねらい

● 自分の気持ちを伝えることができる。
● どうしたいのかを伝えることができる。

材料

感情を表した一覧表・ラミネーター一式
ドットコードシール・音声ペン

作り方

❶「気持ち」を表す言葉を音声ペンに録音し、ドットコードシールとリンクします。

❷ 音声がリンクされたドットコードシールを貼りつけた感情の一覧表を作成します。

＊これまでの様子から、子どもがネガティブな感情になりやすいときの理由をピックアップしました。

❸ 次の行動に移るための質問表を作成します。

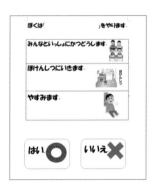

❹ ラミネートをかけます。

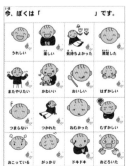

❶困っているときに、どんな気持ちか聞いたうえで、一覧表を使うかどうか確認します。

　＊本人の意志で使えるようにするため、一覧表の使用も本人の意志を尊重します。

❷一覧表の中から、今の気持ちに近いものを指で指し示すなどして選択します。

❸気持ちを受け止めた後、「音声ペンを使って言ってみようか」とたずね、教師に伝えたい言葉を音声ペンを使って再生します。

❹教師は気持ちを受け止め、言えたことをほめます。その後、次にどんな行動ができるかを○×で選択したり、教師のアドバイスをもとに次の行動に移れるようにします。

司会・進行

自分の気持ちを伝える

教科学習

生活単元学習

特別活動・自立活動など

合理的配慮

　頑なになっているときに絵カードを渡しても拒んでいたのですが、音声ペンを通して伝える方法が「本当は伝えたい」という気持ちに合ったためか、言葉を選択することができました。頑なになることが減り、頑ななときでも意志を伝える経験が増え、自分から伝えようとすることが多くなっています。

6 相手に伝わる コミュニケーション

全盲で多弁ですが、自分でも意味が理解できていない内容を何度も繰り返すことがあります。

ねらい

- 自分の話したい内容を理論だてる。
- 単文ごとに話の内容を理解する。
- コミュニケーション力をアップする。

材料

平たい板・細い板・ドットコードシール
ヘッドフォン・音声ペン

作り方

❶平たい板に、細い板を端に固定します。

❷細い板に沿って凹の溝を定間隔につけます。

❸溝のすぐ横にドットコードシールを貼ります。

❹ドットコードシールそれぞれに音声ペンで録音したデータをリンクします。

司会・進行

自分の気持ちを伝える

教科学習

生活単元学習

特別活動・自立活動など

合理的配慮

使い方

❶ 教師が生徒の話したい内容を聞き取ります。

❷ 聞き取った話の内容を単文に分け、時系列や話に系統性が保たれるように整理します。

❸ 整理した文を1文ごとに生徒が話し、教師が録音していきます。

❹ 音声ペンにヘッドフォンを取りつけ自分の録音を聞いてその内容を発語します。

❺ ひとつの会話を終えたら、次の溝を探してドットコードシールに音声ペンをタッチして、音声を聞きます。

＊聞き取りに慣れてきたら、受動的にならないように生徒自身の声で録音して能動的に話せるように移行していきます。

　これまでは、バーバリズム（意味との整合性がなく多弁になる）があり、話はよくするものの、一方的なコミュニケーションになりがちでした。相手に伝わるような言い方に変えてフィードバックすることによって、話す意味を自分でも考えるようになってきました。全盲の生徒はペンを持つという経験をしませんが、音声ペンを持つ手の形を覚え、積極的に自分から行う姿勢がでてきました。

7 自分の気持ちを みんなに伝えよう！

知的障がい、ダウン症の生徒で語彙がなかなか増えません。他者とのコミュニケーションの意欲は高く、身近な挨拶の言葉や自分が好きなものの名称を単語で発することができますが、発語が不明瞭です。

ねらい

● 日誌やコミュニケーションカードを選択して発表する。
● 音声を復唱することで、日常生活の中で使える語彙を増やす。
● 生徒の気持ちや意思を他者と共有する。

材料

ラミネーター一式・色画用紙・マジックテープ
２リングファイル（A4判サイズ）・プラスチック段ボール
ドットコードシール・音声ペン

作り方

❶ 生徒が日頃楽しんでいる活動や頑張っている学習から絵カードや写真カード、助詞カードを作ります（Microsoft Office PowerPoint 使用）。

❷ カードの裏にマジックテープを貼ります。

❸ A4判サイズの大きさに合わせて、マジックテープをつけたコミュニケーションブックを作ります。絵カードや写真カードの大きさは1ページに9枚程度貼れる大きさです。

❹ 文を構成するための文章バーを作ります。持ちやすさと強度を補うために、プラスチック段ボールを使用します。

❺ 音声ペンにひらがなの音声を録音し、録音したデータをドットコードシールにリンクし、絵カードにドットコードシールを貼ります。

使い方

❶コミュニケーションブックから絵カードを選び、音声ペンを使って読み上げ、手渡すことから練習します。

❷慣れてきたら、複数の絵カードの中からほしいものを選択したり、気持ちを選択したりできるようにします。

❸「○○　を　がんばりました」や「○○　が　たのしかったです」などの自分のほしい絵カードを選択して2語文を構成します。

❹構成した2語文を日誌に書きます（目標、振り返り）。

❺朝の会や帰りの会で頑張ることや頑張ったことを音声ペンを使って発表します。

＊学校での発表に慣れてきたら、家庭にも音声ペンや日誌を持ち帰り、その日の出来事をいろいろな場所で伝えることができるようにします。

音声ペンを補助的に活用することで、自発的な発語や行動を引き出すことができました。また、家庭と連携することで、相手に伝えたい気持ちが高まり、日常生活の中で目にした文字を言葉にしたり他者と気持ちを共有したりすることができました。

司会・進行

自分の気持ちを伝える

教科学習

生活単元学習

特別活動・自立活動など

合理的配慮

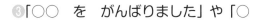

8 現場実習報告シート

場面緘黙（かんもく）のため、家族以外の人前で声を発することが苦手です。まずは代替手段を用いて発表の経験を積み、周囲から認められることで達成感を味わい、自信をつけてほしいと考えました。

ねらい

● 機械音声、またはあらかじめ録音した自分の声で発表をする。
● 教師や友達から認められる機会を作り、自己肯定感を高めたり、発信する意欲を高めたりする。

材料

〈事前の壮行式用〉 ドットコードシール・音声ペン・スマイルノート
現場実習先での仕事内容・現場実習の事前学習で決めた目標
〈事後の報告会用〉
現場実習中の様子を撮影した写真や動画のデータ
現場実習の評価を受けた目標の自己評価や、今後の目標カードを入れるカゴ
ポータブルスピーカー

作り方

❶ パワーポイントや、スマイルノート（特別支援学校用に開発された iOS 用プレゼンテーションアプリ）を使って、スライドを作成します。

❷ スライドを印刷し、ドットコードシールを貼りつけます。
文字入力型 VOCA アプリ（かなトーク、こえとらなど）や、iOS のスピーチ機能を使用して文章を機械音声で流します。または、自宅などで発表している音声を音声ペンに録音し、ドットコードシールとリンクします。

＊学校でも周囲に人がいなければ話せる場合、環境を調整する（レコーディング中などの札を作り、人が入らないようにするなど）こともできます。学校で発声できたことで本人の自信が高まる場合があります。

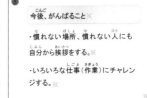

司会・進行

自分の気持ちを伝える

教科学習

生活単元学習

特別活動・自立活動など

合理的配慮

❶ドットコードシールを貼りつけたカード、音声ペン、読み上げたカードを入れるカゴ、机、ポータブルスピーカーを用意します。

❷発表の時間になったら、本人がカードに貼りつけたドットコードシールを音声ペンでタッチして音声を再生します。

❸再生し終わったカードをカゴに入れ、発表が終わるまで続けます。

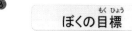

ぼくの目標

すすんで　挨拶をする

なるべく　一人で　取り組む

今後、がんばること

・慣れない場所、慣れない人にも自分から挨拶をする。

・いろいろな仕事（作業）にチャレンジする。

　取り組めた生徒は、これらの活動をきっかけに少しずつ発表への不安が解消されてさまざまな活動に自信を持って参加できるようになりました。

　場面緘黙がある子は、あらかじめ録音してきたものだとしても自分の声を聞かれることを拒否する場合があります。必ず事前に人前で声を流すことについて確認します。教師や友達からすると、初めて耳にする声だと思いますが、声や発声に対しての感想（「よくしゃべれたね」「かわいい声だね」など）ではなく、発表内容に関する評価を伝えるようにします。

9 頑張ったことを発表しよう

知的障がいを持つ自閉症の児童で、発語がなく、頑張ったことの発表はカードを選んで、教師の言葉とサインで行っています。

ねらい

●発語のない児童が一人で頑張ったことを発表することができる。

材料

感想カード・ラミネーター一式・スチレンボード・ミニホワイトボード
ドットコードシール・音声ペン・マグネット

作り方

❶ 「ぼくは」、「を　がんばりました」の文字とイラストを印刷し、ラミネートをして、感想カードを作ります。

❷ 感想カードに、赤いスチレンボードを貼ります。さらにその上にドットコードシールを貼ります。

＊スチレンボードを挟むことで音声シールの位置がわかりやすくなり、クッションにもなるので押しやすくなります。

❸ 音声ペンに「ぼくは」と「を　がんばりました」の音声を録音し、ドットコードシールをリンクします。

❹ 感想カードの裏面にマグネットをつけ、ミニホワイトボードに貼ります。

❶発語のない児童が帰りの会で頑張ったことを一人で発表できるように、感想カードと音声ペンを使います。

＊日課カードは前年からの引き継ぎで、ドットコードシールがついていたので、そのまま使いました。

❷日課カードの中から、頑張った学習を選び、ミニホワイトボードに貼ります。選んだ日課カードと感想カードのドットコードシールを、音声ペンでタッチして発表します。

❸「ぼくは、○○を　がんばりました」の感想を、教師が代弁することなく、児童が一人で発表します。

❹発表に慣れてきたら、「が　たのしかったです」の感想も選べるようにしていきます。

　自分が頑張ったことを一人で発表でき、発表することの楽しさや相手に音声で伝わる喜びを感じているようでした。音声ペンを使うことで相手に伝える手段を増やすことができました。

司会・進行

自分の気持ちを伝える

教科学習

生活単元学習

特別活動・自立活動など

合理的配慮

10 聞いて、読んで、はめて覚えよう

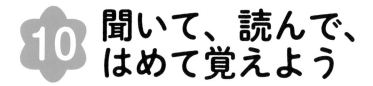

発音が不明瞭なため、ひらがなと音の一致が難しいようです。正確な音を繰り返し聞き取ることが必要ですが、教師が常につき添って学習するよりも自主的に練習できる時間を増やしたいと思い作成しました。

ねらい

●音声ペンでひらがなの音を繰り返し聞き取る。

●音を聞き取り、文字を探し、型はめをすることでひらがなの文字と音を一致させる。

材料

ひらがなの型はめパズル

　※事例は森のおもちゃ「たのしくおぼえるあいうえお（木製)」(SmartAngel)

マグネット対応ホワイトボード・マグネットピース

ドットコードシール・音声ペン

作り方

❶各ピースの裏にマグネットピースを貼りつけます。

❷パズルのボードにドットコードシールを貼ります。

❸「あひるのあ」など文字ごとに音声ペンで録音していきドットコードシールとリンクします。

❹ホワイトボードに各ピースを貼ります。

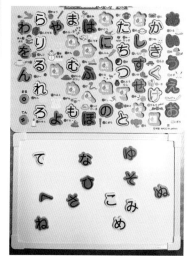

❶音声ペンでパズルのボードのドットコードシールをタッチして音声を聞き取ります。

❷ホワイトボードから該当の文字ピースを探します。

❸文字ピースをボードにはめます。

❹①～③を繰り返します。最初は達成感を得やすいように文字ピースを少なくし、だんだん増やしていくようにします。

❺慣れてきたら自分で音声を録音します。

教材を使い始めた当初は読めるひらがなが 20 文字でしたが、半年後には、ほぼすべてのひらがなを読むことができるようになりました。ひらがなピースを操作しながら、一人で音声を確認できる教材はひらがなの学習に有効でした。また、自分で音声を録音することで、はっきりした発音で話すことを意識できました。

司会・進行

自分の気持ちを伝える

教科学習

生活単元学習

特別活動・自立活動など

合理的配慮

11 文字の読み指導

知的障がい・自閉スペクトラム症があり語彙の量が少ないため、表出できる言葉が限定的で、話すことに困難さがあります。
発音が明瞭ではなく、一生懸命話しても相手に通じずに困っている様子が見られます。

ねらい

●音声ペンから聞こえた言葉を自分で発音することで、文字と音声をマッチングさせる。
●ひらがなの組み合わせにより単語が構成されていることに気づく。
●苦手な言葉の学習に意欲的に取り組む。

材料

音声ペン・ドットコードシール・ひらがなカード（くもん出版）
スチロール板・マグネット・ミニホワイトボード

作り方

❶絵カードの単語が書いてある右側にドットコードシールを貼ります。

❷4cm×2cmの大きさに切り取ったスチロール板を、縦置きにしたときの上半分にひらがなを印刷した文字シールを貼ります。

❸下半分にドットコードシールを貼りつけます。また、裏面にはマグネットチップを貼ります。

❹音声ペンにドットコードシールの番号と対応した絵カードの言葉及びひらがなの音声を録音します。

❶学習する単語の書かれた絵カード（ドットコードシール貼りつけ済み）を選択し、文字チップが置かれたミニホワイトボードの上に置きます。

❷絵カードのドットコードシールに音声ペンをタッチし、単語の音声を確認します。

❸ホワイトボード上の文字チップのうち、絵カードの単語1文字1文字に対応する文字チップを選択します。その際、文字チップに貼ってあるドットコードシールに音声ペンをタッチし、文字の音声を確認します。

❹絵カードの単語に対応した文字チップをカードの下に並べていきます。

❺絵カードの音声と、並べた文字チップの音声が同じであることを確認したら、次のカードに移ります。

　音声ペンから再生される音声に合わせて自分も発音することで、発音が明瞭になってきました。友達から、「Rちゃんの言っていることがわかる」というつぶやきが聞かれました。

司会・進行

自分の気持ちを伝える

教科学習

生活単元学習

特別活動・自立活動など

合理的配慮

12 ひらがなと音の マッチング 50 音表

市内の特別支援学校や特別支援教室の教師から「ひらがな文字とその読みを学べるような教材」がほしいという要望を受け、ひらがな文字とその読み（音）をマッチングできるようにしました。

ねらい

● 読み書きの際の、ひらがなの文字と音を一致させる。
● 文字の音を正しく認識する。
● 単語の構成などを通し、50 音の配置を学習する。

材料

ラミネーター一式・マジックテープ・土台の布
プリントできる布・木のチップ・ボンド・テープのり
ドットコードシール・音声ペン

作り方

① 50 音の列ごとに異なる色の四角い枠をつけた 50 音を印刷し、それぞれにドットコードシールを貼り、ラミネート加工します。

② それぞれの読みをドットコードシールにリンクします。

③ 切り抜いた文字を、木のチップにテープのりで貼ります。

④ プリントできる布に、列ごとに異なる色の長方形を印刷し、土台の布に接着させます。

⑤ チップの裏と、プリントできる布の上に、必要な数のマジックテープを、ボンドでつけます。

❶児童に絵カードを見せ、読めるかどうかを確認します。

❷50音表を使って、「あ」なら「あり」など、児童が絵にする単語を作ります。

＊最初は、2文字から始め、徐々に文字数を増やしていくとよいでしょう。

❸作り終わったら、児童に音声ペンを渡し、再生します。

＊言えたり言えなかったりする場合は、補助手段として、単語を作る段階から音声ペンを渡しておきます。

❹教師と答えを確認し、間違った場合は、児童と一緒に修正し、最終的に正しい答えを再生します。

　他の教師から「いつも同じようにひらがなを読み間違えてしまったり、正しく言えるのに書き間違える文字を修正する方法を知りたい」という要望を受け、制作しました。児童が考えた文字を自分で確認することができるため、積極的に課題に取り組むことができました。また、最初は誤りに気づきにくかった児童も、回数を重ねるごとに、自分で気づき修正できるようになりました。

司会・進行

自分の気持ちを伝える

教科学習

生活単元学習

特別活動・自立活動など

合理的配慮

13 言葉を育む「ことばイラストカード」

自閉スペクトラム症とLD（学習障がい）があります。読み書きが困難なことに加え言葉の概念が乏しく、読み上げの支援をしても文章の意味がわからないことが多い状態でした。

ねらい

●教科書に出てくる言葉にオリジナルのイラストと音声を加えることによって、言葉の意味や使い方を知る。

●わからない言葉が出てきたときに「ことばイラストカード」を見て、意味や読み方を確かめる。

材料

厚紙（大きめの単語カードでも可）・リング・音声ペン・ドットコードシール

❶教師は教科書の単元の中から、新出漢字や学習してほしい言葉について説明し、児童はカードイラストを描きます。

＊児童に言葉がイメージできる生活経験に関連したものが覚えやすいです。絵を描くことが難しい場合は予め用意したイラストを選んだり、教師が代わりに描いたりしてもよいです。

❷児童と一緒にイラストを説明する短文を作りカードに書きます。

❸ドットコードシールをカードに貼り、短文を音声ペンに録音します。

＊できれば児童が自分の声で録音します。これらの作成のプロセス自体が言葉の学習にもなります。

使い方

① 「ことばイラストカード」を見て短文を読むように指示します。児童は読むことが苦手でも、イラストを手がかりに短文を読もうとします。読めた部分を称賛したりヒントを与えたりして支援します。

② もし短文を十分に読むことができなかったら、音声ペンで確かめるように促してください。

＊音声ペンを使い自分で確かめられたことが自信につながります。

③ 毎日の学習の中で、繰り返し自分で読み上げる時間をとります。

④ 「○○しているところなんだね」などと文章の意味をイラストと結びつけ児童に説明します。

＊国語の単元でわからない言葉があったときや確かめたいときに、「ことばイラストカード」を辞書のように使います。

自分の好きなことや経験のあることを題材に「ことばイラストカード」を作って学習することにより、苦手だった言葉の学習にも楽しそうに取り組み、語彙も増えてきたと感じます。文字や文章を読むことに自信がつき、単元テストでも高得点をとることができました。

司会・進行

自分の気持ちを伝える

教科学習

生活単元学習

特別活動・自立活動など

合理的配慮

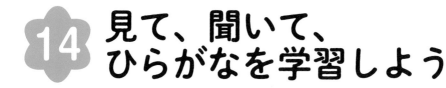

14 見て、聞いて、ひらがなを学習しよう

コミュニケーション意欲が高く、イラストや絵カードなど、見たものを単語や言葉で表現することができます。一方で、発語が不明瞭で、形が似たひらがなの文字と音を一致させることが難しく、物を注視する力が弱いです。

ねらい

● ひらがなの形を見て、名前の型はめ（マッチング）をする。
● ひらがなの音声を聞いて確認する。

材料

枠用の木材・下板・ベニヤ板・ラベルシール・強力両面テープ
ドットコードシール・音声ペン

作り方

1. Microsoft Office Word を使って、ラベルシールにひらがなを印刷します。
2. ひらがなの大きさに合わせて、ひらがなピース用のベニヤ板を切ります。
3. ラベルシールを、切ったベニヤ板と枠の中の下板に貼ります。
4. ひらがなピースをはめる枠を作ります。強力両面テープで下板と貼り合わせます。
5. 音声ペンにひらがなの音声を録音し、ひらがなピースと枠の中の下板に貼ったドットコードシールにリンクします。

❶朝の学習や国語の課題として取り組みます。

＊始めは教師が生徒の側で確認しながら取り組みますが、慣れてきたら自立課題として取り組むことができます。

❷始めに、ひらがなピースのドットコードシールを音声ペンでタッチして音声を確認し、発音します。「同じものを入れてごらん」と言葉かけをします。

❸下板のドットコードシールを音声ペンでタッチして音声を確認しながら、ひらがなピースをはめます。

＊ひらがなピース、下板のどちらにもドットコードシールを貼ることで、生徒が自分で確認しながらはめることができます。

❹終了したら自分で確認するようにあらかじめ伝えておきます。最後に、教師に報告をし、教師と一緒にドットコードシールを音声ペンでタッチしながら確認します。

　音声を確認してから同じひらがなピースを入れる学習を継続することで、文字の形を自分で確認しながら、ほぼ間違うことなく取り組めるようになりました。

司会・進行

自分の気持ちを伝える

教科学習

生活単元学習

特別活動・自立活動など

合理的配慮

15 語彙カード

福山型先天性筋ジストロフィー、知的障がいを併せ持つ生徒です。日常での理解語彙は多く、単語や2語文で返答することもあり、簡単な会話ができます。しかし、慣れないことやわからないことなど不安になる場面では、口形のみや小声で答えたり、緊張して動きが固まったりすることがあります。50音すべてを理解するまでには至っていない状況です。

ねらい

● 語彙を増やす。
● 身の回りの物や言葉（イラスト）と、名称（ひらがな）を一致させる。

材料

絵カード用イラスト・ラミネーター一式・カードリング・穴開けパンチ
ドットコードシール・音声ペン

作り方

❶ 名詞・擬音語擬態語・形容詞・動詞などのイラスト＋ひらがなのカードを印刷します（「言葉の絵カード【仲間ことば】」ちびむすドリル幼児の学習素材館）。

❷ 児童が音声ペンをかざしやすい場所にドットコードシールを貼りつけます。

＊手や腕が自由に動かせないため、手前の右下にドットコードシールを貼るようにしました。

❸ カードの左上に穴開けパンチで穴を開け、カテゴリーごとにカードリングをつけます。

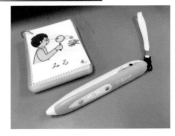

❶カードを読むように言葉かけをし、音声ペンなどの準備を促します。

＊自分で準備することで、活動の見通しと意欲を高めます。ジップロックに語彙カードと音声ペンなどの物品をまとめて入れています。

❷本人の興味や関心に合わせて、活動するカードの種類を選択するように促します。

❸「音声ペンでタッチする→音声を聞く→復唱する」というルールを確認します。

❹一緒に復唱しながら、語彙カードを読み進めていきます。

＊カードがめくりにくいようなら、教師が支援します。

生徒にとって、身の回りの物の名称や擬音語擬態語などのさまざまな言葉に触れるよい機会になりました。生徒の実態に応じて、取り上げる言葉の順序や量を調整します。実践した児童は腕を動かしやすくするために、上肢補助器具を使用しています。この教材を通して、さまざまな活動の見通しを持つことができ、スムーズに取り組むことができるようになりました。

司会・進行

自分の気持ちを伝える

教科学習

生活単元学習

特別活動・自立活動など

合理的配慮

16 点字で計算学習

重複障がいを有する弱視の生徒です。情報を得るのにさまざまな支援機器を使う必要がでてきます。教材に音声を付加することで、日頃の点字の学習や算数・数学などの強化の学びを進めてみようと考え、音声ペンを用いた取り組みを行ってみました。

ねらい

● 重複障がいのある弱視生徒が自分一人で学習する。
● 日常で使用できる文字を持たない生徒が記録する、確認する、伝えるなどの楽しみを知る。
● 自分で学習する機会を増やし、数、形、言葉（点字）を習得する。

材料

点字の数字プリント・点図のカード・ドットコードシール・音声ペン

作り方

❶ 点字数字を読む練習プリントを作成します。

　＊読みやすいように数符と数字の間をあけています。点字の横にドットコードシールを貼りつけます。

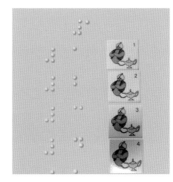

❷ 点図編集ソフトで点図図形のカードを作成します。

　＊カードにドットコードシールを貼りつけます。

❸ 計算の宿題プリントを作成します。解答プリントの場合は、ドットコードシールと音声ペンを使用して生徒の答えを録音していきます。

❹ 点字学習プリントを作成します。透明なドットコードシールに点字を打ち、字の上に貼りつけます。生徒は点字を読み、教師は透明なドットコードシールの下の字を読むことができます。

　＊音声ペンを使用して書いてある内容を確認して自分の読んだ点字が正しいか確認できます。

❶授業で使うときは、生徒が点字を触って読みます。教師は生徒の読ん
　だ答えや指の動かし方について、正しくできたかどうかを口頭で知ら
　せます。

　＊家庭で活用する場合、生徒が点字を読み、正しく読むことができているか音声
　ペンで確認します。どちらの場合も生徒が主体的に指を動かして読むことが大切
　です。

❷宿題プリントの出題内容を聞き、計算の答えを考えます。答え方は、
　生徒の実態に応じて、書いて答えるか音声で録音するかを決めます。
　録音の場合、考えている途中も録音することで生徒が考えている途中
　経過を知ることができます。

①音声ペンを使うことで、点字などを活用できるようになりました。
②修学旅行のしおりにも活用し、事前学習や家庭での準備に役立てることがで
きました。また「Start Rec」シールを貼ることで旅行先での感想を音声ペン
で録音し学校に持ち帰り、みんなで発表しあうこともできました。音声ペンは
点字やパソコンを使ううえでも有効に活用できます。

司会・進行

自分の気持ちを伝える

教科学習

生活単元学習

特別活動・自立活動など

合理的配慮

国際交流をしよう

2020 東京オリンピックパラリンピックに向けて、海外からのお客様を迎えたり、国際交流をする機会は特別支援学校においても増えていくと考えました。しかし、母国語でのコミュニケーションも難しい障がいのある児童生徒にとっては、外国語はさらにハードルが高くなります。翻訳サイトと音声ペンを用いることで、外国語を使ったコミュニケーションが可能になります。

ねらい

●訪問客の母国語で挨拶を行うことで歓迎の気持ちを表す。

●インターネットを使用することで必要な情報を集める。

●日本語と外国語を併記することで、在校生・訪問客、どちらにも伝わる発表をする。

材料

日本語の挨拶文・音声ペン・ドットコードシール
インターネットのつながるパソコンや、タブレット PC
　＊パソコンがない場合は、音声出力機能のある電子辞書や翻訳機でも可能

 作り方

❶日本語で挨拶文を考えます。

❷翻訳サイトに接続し（Google 翻訳など）交流相手の母国語への翻訳を設定します。

❸日本語を入力、または、コピーペーストし、翻訳をします。

❹折り返し翻訳機能を使って、翻訳した外国語が伝わる日本語になっているか確認します。

❺出力機能を使って、交流相手の母国語の読み上げ音声を音声ペンに録音します。

使い方

❶ 交流会の際、音声ペン、両国の言葉をリンクしたドットコードアイコンシールを貼ったセリフカードを用意します。

＊音声ペンに、ポータブルスピーカーを接続すると音声をクラス内に伝えることができます。

❷ スピーチの際に交流相手の母国語、日本語の順に再生します。

＊通訳の人より先に、児童生徒からの歓迎の気持ちをダイレクトに伝えるために、交流相手の言葉を先に発信するとよいでしょう。

＊事前に通訳の方に意味が伝わるか、確認をとるとよりよく伝わるスピーチにできます。

パワーポイントなどのプレゼンテーションアプリで作成し、スピーチのときに投影すると文字情報が追加されるため双方が理解しやすくなります。基本的な挨拶など、学校生活でよく使う文章や単語を録音したカードを用意しておくと、外国籍の転校生などとのコミュニケーションに活用できます。

司会・進行

自分の気持ちを伝える

教科学習

生活単元学習

特別活動・自立活動など

合理的配慮

18 英語の不規則動詞変化表

外国語学習で、母語にない音（例 /æ/）を含む単語を家庭で勉強するときに使える教材を考えました。例えば過去形（例 began）ついては、授業中口の動かし方も合わせて明示的に指導しますが家庭練習を重ねると母語の音（例「ア」）の発音になってしまい、過去分詞（begun）との違いがなくなることもあるので、音声で確認できるものが必要です。

ねらい

● 不規則動詞変化表にある、動詞の原形・過去形・過去分詞形・ing 形を覚える。
● 音声ペンを使いながら、楽しく英語学習を継続する。
● 英語学習を通して、セルフエフィカシー（自己効力感）を得る。

材料

英語の教科書にある不規則動詞変化表・学習記録用カレンダー・学習記録用シール
ドットコードシール・音声ペン

作り方

① 英語の教科書にある不規則動詞変化表を拡大コピーし、音声ペン活用学習用プリントを作ります。

② 音声ペンでドットコードシールの Start Rec アイコンにタッチし、不規則動詞変化表の 1 行（例：動詞の原形・過去形・過去分詞形・ing 形）を音読し、録音します。

③ リンクしたい番号のドットコードシールに、音声ペンでタッチします。タッチしたドットコードシールを、音読したい行（例：行の頭の余白部分）に貼ります。

④ 他の不規則動詞についても②と③を繰り返します。

⑤ 音声ペン活用の学習記録用カレンダーと、学習記録用シールを用意します。

使い方

❶不規則動詞変化表上にあるドットコードシールに音声ペンでタッチします。その行の不規則動詞の変化 (例：動詞の原形・過去形・過去分詞形・ing 形) を、音声を聞きながら確認します。

> **ポイント** 聴覚と視覚の刺激を同時に活用できます。

❷①で聞いた行の不規則動詞の変化を音読します (音声ペンを使わずに)。音読できない単語があった場合は、音声ペンを使って読み方を確認し、再度、音読練習に取り組みます。

＊反復練習による学習ができます。

❸他の行（不規則動詞の変化）についても、①②の操作を行います。

＊生徒の集中力を維持するため、「1 回分はここからここまで」と前もって教師と生徒で相談して決めておきます。

❹音声ペンを用いた学習を実施した日は、記録用カレンダーに学習記録用シールを貼ります。

＊努力を視覚化し、達成感や学習継続の動機づけにつなげることができます。

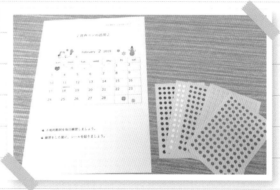

　この学習をきっかけに、家庭でも自主的に英語を勉強する時間が増えました。過去分詞形を覚えたことで、受動態や現在完了形の学習でも、生徒は「わかる」「できる」を実感していました。

ALT の声に合わせて発音練習

外国語を学ぶことに苦手意識があります。また、年齢的にも英語らしい発音をすることに恥ずかしいという気持ちがあり、積極的に発音しにくいようです。

ねらい

●音声ペンを使い、聞いてすぐに発音できるようにする。

●自分で繰り返し、英語を聞いて発音する。

●家庭学習をするときに、発音を覚えていなくても、すぐに復習しながら学ぶことができる。

材料

英語の教科書・教科書の録音データ（ALT（外国語指導助手）に協力依頼）
ドットコードシール・音声ペン

作り方

❶教科書の音読を ALT に依頼する箇所を生徒と相談します。

❷音声ペンの内蔵マイクを使って、ALT の音読を録音し、ドットコードシールにタッチしてリンクします。

❸音声をリンクしたドットコードシールを、生徒自身が教科書の対応するテキストの箇所に貼ります。

＊生徒が自ら貼ることで、より意欲的に取り組めます。

使い方

❶音声ペンでドットコードシールをタッチして音声を聞きます。

＊よく知っている ALT の声が聞こえるので、興味を持つことができます。

❷音声が再生された後にまねて発音します。発音に自信がない生徒も、
自分のペースで繰り返し確かめながら発音できます。

❸記憶に自信がない生徒も家庭で復習しやすいように、宿題とし、音声
ペンを貸し出します。

　いつも来校している ALT に録音してもらったところ、生徒たちがとても喜ん
でいました。聞きなれた声で学習できることで、英語に自信がない生徒も意欲
的に取り組めるきっかけとなっていました。このペンを使った後、以前よりも
音読に対する意欲が上がりました。筆箱などにも入れて持ち運べるサイズ感と
軽さがとてもよかったです。

司会・進行

自分の気持ちを伝える

教科学習

生活単元学習

特別活動・自立活動など

合理的配慮

20 繰り返し リズムを確認しよう

今学んだことを次回の授業まで覚えておくことが難しい生徒がいます。音声ペンを活用することで授業内容を思い出せるようにと考えました。

ねらい

- 正しいリズムで演奏する。
- 拍を意識して演奏する。
- 楽譜を見て演奏する。

材料

音声ペン・ドットコードシール・Sound Linker
楽譜・ドラムのリズムを録音した音声データ

作り方

① 1小節ごとに区切った楽譜を作成します。

② ドラムのリズムを教師が演奏し録音します。

③ 1小節ごとの区切りの箇所にドットコードシールを貼ります。

④ 音声ペンで、それぞれのドットコードシールに対応する演奏を再生できるように、Sound Linker を使ってコンテンツを作成します。

⑤ 作成したコンテンツを音声ペンにコピーして、授業で使えるように準備します。

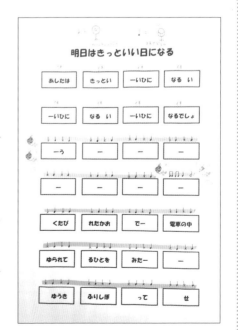

❶音声ペンで楽譜に貼ったドットコードシールをタッチし、リズムを確認します。

❷授業中の個人レッスンの時間に、音声ペンを使ってリズム練習を行います。

❸リズムがわからなくなった場面で、音声ペンを使用しリズムを確認することができます。

＊音声ペンをすぐに取り出せるように、楽譜にひもで結んでおくと使いやすくなります。

　小節に区切った楽譜を作成することで、途中で止まってしまったり、演奏を間違えてしまったときに、今どこを演奏しているのかがわかりやすくなりました。動きがわかりにくい場面は、動画で見せるとより理解が深まりました。

司会・進行

自分の気持ちを伝える

教科学習

生活単元学習

特別活動・自立活動など

合理的配慮

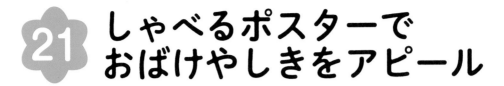

21 しゃべるポスターで おばけやしきをアピール

ポスターの内容を絵や文字（視覚的）だけでなく聴覚的に伝えることで、より内容への関心を高めることが期待される児童です。

ねらい

●文化祭で行う「おばけやしきコーナー」に、小学部の児童により関心を持ってもらう。

材料

おばけやしきのポスター・ドットコードシール・音声ペン

作り方

❶文化祭のテーマや日時、場所など、おばけやしきの宣伝を録音、ドットコードシールにリンクします。

＊音声入力には、教師の声だけでなく、音声ペンに関心のある5年生3名の声も入力しました（「おばけやしき、きてね」「おばけ、こわいぞ〜」などのセリフ）。

❷「おばけやしきコーナー」のポスターに、音声をリンクしたドットコードシールを貼りつけます。

❸ポスターの近くに音声ペンを設置します。

❹使い方がわかりやすいように「しゃべるポスター　きいろのペンをシールにタッチ」とポスターの下部に添えます。

❺ポスターをおばけやしきの会場となる教室の入り口付近に展示し、音声ペンをひもつきでポスターの近くに設置します。

❶作成したポスターを会場となる教室の前に掲示し、自由にドットコードシールにタッチして音声を聞けるように、近くに音声ペンを設置します。

❷休み時間などに５年生の教室の前の廊下を通りかかる児童が、ポスターや音声ペンに関心を示したら、児童に音声ペンの使い方を教えます。

❸文化祭の２週間前から当日まで展示します。

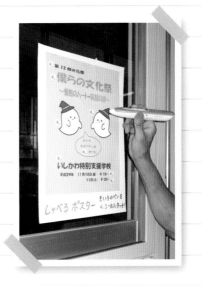

司会・進行

自分の気持ちを伝える

教科学習

生活単元学習

特別活動・自立活動など

合理的配慮

　音声ペンに関心を示した小学部の児童が休み時間に来ては、ドットコードシールにタッチし、字やイラストなどにリンクした音声を聞いていました。音声の中に友達の声が入っているので、関心も増したようです。当日も「おばけやしきコーナー」に来たお客さん（児童、その兄弟など）に使い方を教えると、「おばけやしきコーナー」への期待感が高まり、大盛況でした。

22 みんなで絵合わせカルタ

知的障がいで自分の思いを伝えることが難しく、自信がなかったり、困ったりしたときに、どのようにしたらよいかわからず、黙りこんでしまう様子が見られます。

ねらい

● イラストを見比べて、自分で選択して発表する。
● 困ったときに支援ツールを活用する方法を身につける。

材料

絵カード*（同じものを2セット）・ハサミ・画用紙
ポスターカラー・ドットコードシール・音声ペン
（スピーカー：音声ペンの音を大きくする）

＊くもん出版「くもんの自然図鑑カード」を使用

作り方

❶ 絵カードを2セット用意して、音声ペンで音声を吹き込み、2セットのカードに音声をリンクしたドットコードシールを貼ります。

❷ 絵カードを拡大コピーして、イラスト部分をハサミで切り取ります。

❸ ハサミで切り取った枠を画用紙に置いて、ステンシルの要領で色をつけたり、色塗りをしたりします。

❹ 画用紙にステンシルで塗ったシルエットの絵をカルタゲームの問題にします。

❺ 答えの絵カードと同じ番号のドットコードシールをシルエットの絵が描かれた画用紙に貼ります。

使い方

❶ホワイトボードに貼られたシルエットの絵を見て、同じ絵カードを手元の絵カードから選びます。

❷選んだ絵カードに描かれている物の名前を答えます。

❸名前がわからない場合はヒントカードを参考にして、発語のない児童は、音声ペンを使って答えます。

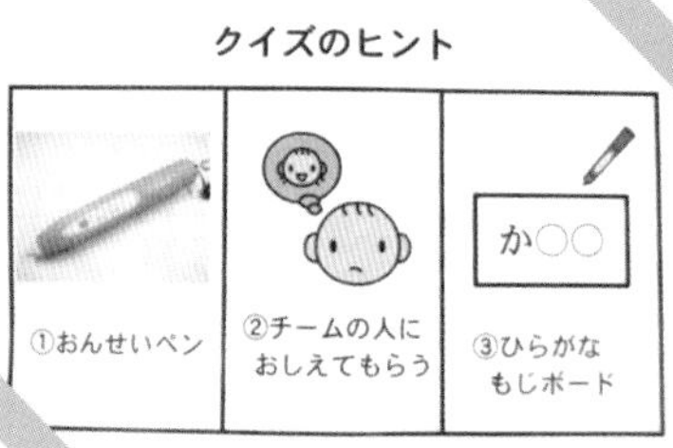

クイズのヒント
①おんせいペン
②チームの人に
おしえてもらう
か○○
③ひらがな
もじボード

❹全員でシルエットの絵が描かれている画用紙に音声ペンでタッチして、答え合わせをします。

発語のない児童は自分の選んだカードを音声ペンで自信を持って発表し、人前で発表することが苦手な児童や答えに自信のない児童も安心して参加する様子が見られ、みんなが楽しくゲームに参加することができました。

23 沖縄の曲を紹介しよう

ダウン症児です。口頭や文字中心の学習では理解が難しく、消極的になってしまいます。学習活動に音楽やダンスの要素を取り入れることで、意欲的に取り組めることがあります。

ねらい

● 修学旅行先の沖縄の音楽を知り、沖縄県に対する関心を高める。
● 「調べる―まとめる―発表する」の一連の流れを意欲的に取り組む。

材料

沖縄の曲の CD 数枚・CD ラジカセ・模造紙
マジックペン・ドットコードシール・音声ペン

作り方

❶ 対象の生徒たちと一緒に沖縄の曲を聞き、好きな曲を話し合います。10 曲程度にしぼり、「沖縄 Songs」というリストを作成します。

❷ リストの曲を音声ペンに録音します。

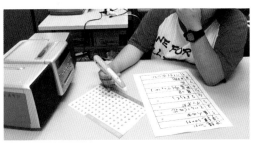

❸ リストの曲名の横にドットコードシールを貼り、ポスター兼ジュークボックスの完成です。

❶完成したポスターを教室の黒板に掲示し、事前学習中は毎回授業の最初に１曲流します。この際、曲を決めた生徒が選曲したり、音声ペンを操作したりします。流した曲をクラスのみんなで歌います。

❷修学旅行が終わると、誰でも使ってよいことにして、廊下に掲示します。

＊使い方がわからない生徒には作った生徒が使い方を教えます。曲を聞きながら、一緒に歌ったり、修学旅行のことを下級生に話したりします。

　今回は、曲を選んでポスターにして、調べ、まとめて発表するという一連の流れを作ることができました。いつもは消極的な生徒たちが意欲的に取り組めました。修学旅行後は廊下に掲示することにより、調べたことを他の生徒と共有できました。

24 音のしおり・日記

視覚障がい（全盲）の児童生徒が何かを記録するときには、点字が主な手段です。しかし重複障がい（肢体不自由・知的障がい）の児童生徒は、点字の読み書きが難しい場合があります。

ねらい

●点字の代替手段として、音声ペンを活用する。
●自分で音声ペンを操作することにより、主体的に活動に取り組む。
●点字の読み書きの前段階として、手指の使い方の練習として両手の協調動作の向上を図る。

材料

画用紙や厚紙などのドットコードシールを貼る用紙・立体シールなど
ドットコードシール・音声ペン

作り方

❶色を伝え、手触りをたしかめて、自分で紙を選びます。

❷本人と一緒に、行事のしおりの内容を録音し、ドットコードシールにリンクします。項目ごとに録音する人を変えても楽しいです。

❸イメージに合うシールを、本人が選んで貼ります。

❹表紙に自分の好きなシールを貼ります。

❶校外学習などのしおりは、今までは読んでもらうしか手段がなかったため、受け身になりがちでした。音声ペンを使うことで、自分で行程や持ち物を確認することができます。

❷一緒に作成することにより、活動に見通しを持ち、安心して活動に取り組むことができます。

＊項目ごとに、違う人の声を録音したり、好きなシールを貼ったりすることで、自分だけの楽しいしおりができあがります。

❸夏休みに「音日記」を宿題にします。家族と協力し、インタビュー方式にするなど、楽しい家族の時間が持てます。花火大会の音や好きなテレビの音声などを録音することで、休み中のことを思い出す手がかりとなり、それをもとに具体的に発表することができました。

＊点字も一緒に貼ることにより、点字にも興味を持つことができます。点字カード（表に点字、裏に音声シール）や英語カード（英語の発音を音声で）など、点字学習の初期段階での活用もできそうです。本人の興味に合わせて、内容や材料も考えることで、より興味を持って取り組むことができるでしょう。

修学旅行や職場体験実習では、現場の音や会話を録音し、それをもとにした報告会での発表は臨場感あふれたものとなりました。順番にドットコードシールを貼ることで、それに関する感想や説明ができるので、台本がなくても発表がしやすく、自分で操作できるため、教師の支援が少なくても、発表することができました。音声ペンを使っていることを学部のみんなに知ってもらうことで、卒業生を送る会でのオリエンテーションでは、ポイントの指示内容も音声で録音し、活動の幅が広がりました。

司会・進行

自分の気持ちを伝える

教科学習

生活単元学習

特別活動・自立活動など

合理的配慮

25 お口の体操あいうえお

知的障がい（ダウン症）の児童です。発語は不明瞭であるものの、短い言葉であれば聞き取れる言葉もあります。伝える意欲があるものの、相手にうまく伝わらず、もどかしい思いをしている様子が度々見受けられます。口唇トレーニングに日頃から意欲的に取り組んでいます。

ねらい

●口形模倣や音声模倣をする経験を重ねることで、発声・発語の明瞭さを高める。

材料

口形を示したイラスト・ラミネーター一式・カードリング・ドットコードシール
音声ペン

作り方

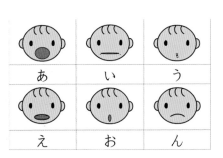

① 「あ」、「い」、「う」、「え」、「お」、「ん」の口の形を示したイラストを用意します。

② ラミネートをし、ドットコードシールを貼ります。

③ 切り離し、カードにし、それらをカードリングでまとめます。

④ 音声ペン内蔵のマイクを使って、対応する読みをそれぞれのドットコードシールにリンクします。

使い方

❶イラストを見て、口の形をまねます。

❷発声します。ドットコードシールをタッチして出る「あ」の音声に合わせて声を出すようにします。文字を見ながら音声が確認できるので、1文字1音も理解しやすくなります。

❸口形と文字、音声の一致ができてきたら、今度は文字をなくし、イラストとドットコードシールのみの物を使用します。

＊イラストを見て発声し、ドットコードシールをタッチして口形の音声を確認することができます。

❹単音模倣が慣れてきたら、「あ」→「お」、「う」→「い」など、2音続けて模倣することで、練習のバリエーションを増やすことができます。

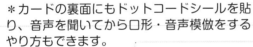

ん

＊カードの裏面にもドットコードシールを貼り、音声を聞いてから口形・音声模倣をするやり方もできます。

裏面をめくって
答えを確認できます

この教材で「お口の体操」を始めてから、楽しく興味を持って取り組むようになりました。音声ペンから音が出る面白さや、一人で確認しながら行えるので自信もついたようです。また、母音の発音が定着してきたことで、その他の言葉も聞き取りやすくなったためか、話した言葉が友達にも伝わりやすくなりました。

司会・進行

自分の気持ちを伝える

教科学習

生活単元学習

特別活動・自立活動など

合理的配慮

26 スケジュールカード作り

内言語が多く、伝えたいことはたくさんありますが、発音が不明瞭なために伝わらず、イライラしてしまうことがあります。また、活動の見通しが持てずに、不安になることもあります。

ねらい

● 自分でスケジュールを作ることで、1日の見通しを持って過ごす。
● 教師や友達とスケジュールの交渉や約束をする。
● 細かい要求をカードを組み合わせて文章にして、他者に伝える。

材料

ラミネーター一式・画用紙・写真やイラスト・マジックテープ・大きめのファイル
ドットコードシール・音声ペン

作り方

① 画用紙を扱いやすいサイズに切ってラミネートし、両面にマジックテープを貼ります。

② 写真やイラストのカードの横にドットコードシールを貼り、ラミネートし、マジックテープを貼ります。

③ ファイルに写真のカードをまとめます。

④ 教室の見やすいところ（トランジションエリア）にマジックテープつきのスケジュールボードを設置します。

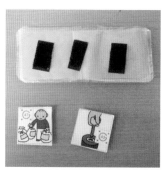

司会・進行

自分の気持ちを伝える

教科学習

生活単元学習

特別活動・自立活動など

合理的配慮

使い方

❶児童に「今日の予定を作ろう」と声をかけ、一緒に取り組みます。始めは一緒に取り組み、徐々に自分で取り組めるようにします。

＊教師が一方的にスケジュールを提示するより、自分で作ることで納得して取り組めることが増えます。

❷活動ごとに誰とどこで活動したいか、何をしたいかを聞くようにし、必要があればそのカードを使って友達や、教師に音声ペンを使って伝えます。

＊カードだけでは伝わらない子ども同士のやり取りも、音声が合わさることによって成立します。
＊児童の実態に合わせて、作文で使う接続詞などをカードで作って調整することもできます。

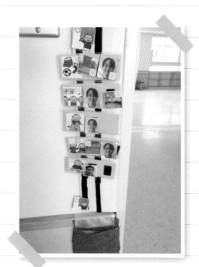

　教師が主導でスケジュールを指定するよりも、「自分で決めた！」「こうしたい！」を相談しながら予定を決められるので本人も意欲的に取り組めていました。同じツールで児童同士のコミュニケーションをとることができて本人もとてもうれしそうでした。

27 好きなドーナツ調べ

重度重複障がい（上肢・下肢全廃）のため、車いすを使用しています。自分で手や指を動かすことができず経鼻経管栄養です。てんかん発作が頻繁に起きます。発語はありませんが、動くものや人をよく見ています。うれしいとにっこり笑顔になります。

ねらい

● 友達に質問し、答えを選んでもらう調査をする。
● どんなドーナツが人気があるのかを友達に知らせて、やりとりを楽しむ。
● 学外交流でも、やりとりを楽しむ。

材料

段ボール箱・ホワイトボード・好きなドーナツの表・シール
ドットコードシール・音声ペン・マグネット

作り方

❶ 段ボールの空き箱で、腕を支える補助具を作成します。

＊ホワイトボードを貼りつけると丈夫になります。

❷ 段ボールの傾斜で腕を固定させ、音声ペンを握ったままの状態を補助します。

＊音声ペンをタッチするところが見えるようにします。

❸ いろいろな種類のドーナツの写真を貼った表を作成します。

❹ 「好きなドーナツはどれですか」の言葉を教師が録音・リンクし、ドットコードシールを貼ります。

❺ 表の後ろにマグネットをつけ、ホワイトボードに貼れるようにします。

❶自立活動の時間に、教師と一緒に「好きなドーナツはどれですか」と
質問する手順を練習して、やり方を確認します。

＊補助具を使うことで、腕が固定され音声ペンを握ってドットコードシールを
タッチすることができます。

❷生活単元学習の時間に、友達に好きなドーナツを選んでもらい、好き
なドーナツの表に丸いシールを貼ってもらいます。

＊補助具を逆向きに使うことで、友達から見えやすくなります。

❸休み時間や居住地校交流の小学校で会う児童にも、好きなドーナツを
選んでもらい、シールを貼ってもらいます。

　友達がすぐそばで好きなドーナツを選ぶ様子を見ながら、「おいしい」「食べ
たことある」などの会話を聞いたり、迷うしぐさを見たりすることができました。
会話が会話を呼び、疑似会話を通して過ごす体験をとても喜びました。

司会・進行

自分の気持ちを伝える

教科学習

生活単元学習

特別活動・自立活動など

合理的配慮

28 お話シート

知的障がいを持つ自閉症の児童で、自分から遊びを見つけることが難しいようです。少しでも興味を持って遊べるよう、大好きな乗り物やサイレンの音を使って教材を作ろうと考えました。

ねらい

● 楽しんで音声ペンの扱いに慣れることができる。

● サイレン音や鳴き声に興味を持って、活用することができる。

材料

お話シート（乗り物・動物・果物）・スチレンボード
ドットコードシール・音声ペン・GM オーサリングツール・Sound Linker

作り方

❶ お話シートを作成します。乗り物はサイレンなどの音を入れます。動物は鳴き声を、果物は色を声で読み上げて録音します。

❷ 「GM オーサリングツール」というソフトを使って、イラストに直接ドットコードをかぶせて印刷します。

❸ シートをスチレンボードに貼りつけます。

＊音声ペンの扱いにまだ慣れない児童も使いやすくなります。

使い方

❶クイズ形式で「これは何?」「なんて鳴くのかな」と問いかけながら音声ペンでイラストをタッチします。

くだもの

❷それぞれのイラストの全面にドットコードがついているので、イラストや吹き出しのどこをタッチしても音声が再生されます。

❸答えられるようになってきたら、「赤い果物はどれ?」と聞いて選ぶなど、本人の関心や発達段階によって質問を変えていきます。

　楽しく音声ペンに慣れることをねらって作成しました。シートを使ってやりとりをするだけでなく、遊びの時間に一人で楽しむ児童もいました。余暇活動の1つとして活用することができます。

司会・進行

自分の気持ちを伝える

教科学習

生活単元学習

特別活動・自立活動など

合理的配慮

29 好きな曲を聞こう

知的障がいの生徒で、余暇活動を増やしたいと思いました。テレビのスイッチ操作や電子機器のオン・オフなどができるため、音声ペンの操作にも慣れれば余暇活動につながると考えました。

ねらい

●自分で好きな曲を聞いて、余暇活動に取り組むことができる。

●複数曲の中から聞きたい曲を選択することができる。

●イラストを見て、曲の内容を判断してから聞くことができる。

材料

音声ペン・ドットコードシール・CD（好きな曲）・Sound Linker
A4 判用紙・ラミネーター一式

作り方

❶あらかじめ使用する楽曲を、MP3 形式で PC に保存しておきます。

❷ Sound Linker を使用して音声ペン用のコンテンツを作成し、音声ペンの MicroSD Card にコピーします。コンテンツの作成には、①の MP3 ファイルを使用します。

❸曲リストを作り、A4 判用紙に印刷します。

❹曲名・イラストの近くにドットコードシールを貼ります。

❺作成した教材にラミネートをかけます。

❶音声ペンの操作方法の手本を教師が示し、本人と一緒に確認します。

実際に曲の選択をしながら取り組みます。

❷本人の聞きたい曲を選択し、教師が操作の手本を示します。

❸本人に音声ペンを渡し、タッチするドットコードシールを教師と確認

しながら取り組みます。

＊できるようになってきたら教師の支援を徐々に減らしていきます。

❹日常生活でシートにない曲を口ずさむ場面が増えてきたら、新しい

シートを用意して、曲目を増やします。

音声ペンの操作では自分でスイッチのオン・オフや、音声ペンをドットコードシールにタッチできるようになったことで、一人で音楽を楽しんでいます。

司会・進行

自分の気持ちを伝える

教科学習

生活単元学習

特別活動・自立活動など

合理的配慮

30 4か国語の『はらぺこあおむし』

読みに困難を抱える児童に音読の楽しさを伝えたいと思い、本教材を作りました。多くの児童に、世界にはいろいろな言語があること、そして有名な絵本『はらぺこあおむし』は世界のいろいろな国の言語に翻訳されていることを知ってほしいと考えました。一つひとつのドットコードシールには、それぞれのネイティブな音読をリンクしました。

ねらい

- アラビア語、英語、日本語、中国語で『はらぺこあおむし』を聞く。
- それぞれの言語による音読の違いを楽しむ。

材料

『はらぺこあおむし』・ドットコードシール・音声ペン・各ページの音声
Sound Linker

作り方

① 『はらぺこあおむし』の各ページにドットコードシールを貼ります。

② 『はらぺこあおむし』の表紙に4か国語の音声を切り替えるためのモードアイコンシールを貼ります。

③ 各ページの音読用の音声を録音し、MP3形式で保存します。

 ＊ここでは、アラビア語、英語、日本語、中国語の4か国語を録音しておきます。

④ Sound Linker を使って音声ペンにコピーするコンテンツを制作します。

⑤ 作成したコンテンツを音声ペンにコピーします。

使い方

❶各ページに貼ってあるドットコードシールにタッチして音読を行います。

　＊この教材は、それぞれのドットコードシールにアラビア語、英語、日本語、中国語の音声がリンクされています。英語で音読を行うには、最初に絵本の表紙に貼ってある Mode2 のアイコンシールをタッチします。中国語で音読を行いたいときには Mode4 のアイコンシールをタッチします（デフォルトは Mode1 のアラビア語になっています）。

❷言語を替えて音読を楽しむことができます。

　＊旧式の音声ペンは、１度電源を切ると Mode1 に戻ってしまいます。最近の音声ペンは、電源を切っても直前に使用した Mode が維持されます。

　学校の文化祭や図書の時間に児童に触れてもらいました。「えーっ中国語？これがアラビア語なんだ、すごいね！」と大騒ぎになりました。世界の国々を知るきっかけにもなりました。この４か国語の『はらぺこあおむし』は、iPad のブックというアプリで読める電子書籍も作ってあります。こちらも大好評です。

司会・進行

自分の気持ちを伝える

教科学習

生活単元学習

特別活動・自立活動など

合理的配慮

動物公園を学ぼう！

動物公園の事前学習・事後学習で使える教材を作ってほしいという依頼を受けました。興味が持てるように、動物のシルエットと2つのヒントを頼りに動物の名前を当てるクイズ形式にしています。

 ねらい

● **動物公園の事前学習、事後学習に活用する。**
● **クイズに答えながら、動物や鳥類の生態について学ぶ。**

材料

動物公園のパンフレット
それぞれの動物と鳥類の動物公園での様子を撮影した録画データ
GM オーサリングツール・Sound Linker・GCV・File Linker
iPad・ドットコードシール・音声ペン・G-Pen Blue

作り方

❶ 動物のシルエットが入っているパンフレットをスキャニングして JPEG 形式で保存します。

❷ GM オーサリングツールを使って、動物や鳥類のシルエットの上に音声や動画をリンクするドットコードを被^{かぶ}せます。

❸ 動物や鳥類にリンクする2つの質問と回答を録音し、MP3 形式で保存します。

❹ Sound Linker を使って、それぞれのドットコードシールに3つの音声をリンクするコンテンツを作成し、音声ペンにコピーします。

❺ 動物園での実際の様子を撮影します。それぞれの動画のクリップを iMovie を使って編集しタイトルなどを追加します。

❻ 編集した動画を iPad の「写真」に保存します。

❼ GCV を使って、上記の動画を、それぞれの動物や鳥類に被せたドットコードにリンクします。

❶ 2つのヒントを聞いて、その動物や鳥類の名前を当てるゲームをします。

❷ 1つのドットコードに、2つの質問と答えの合計3つの音声がリンクされています。

＊3つの音声はモード切り替えのアイコンシール（教材シートのヒント1、ヒント2、なまえ）を使って切り替えます。

❸ G-Pen Blue で、動物や鳥類に被せたドットコードにタッチして iPad のスクリーンに動画を再生します。

＊シルエットだけで答えがわかってしまうものがあるため、中学年以上の児童は教材シートを裏返しにしてシルエットを隠し、音声のヒントだけで動物を当てるゲームにして楽しんでいました。同じ教材でふだんの動物の様子が動画で見られることもとても好評でした。

「動物園の事前学習、事後学習の教材として最高」と多くの学校で評判になりました。保育園や幼稚園の園児、コロナ禍で外出の困難な児童も動物や鳥類の生態を学ぶことができます。

司会・進行

自分の気持ちを伝える

教科学習

生活単元学習

特別活動・自立活動など

合理的配慮

32 都道府県しらべ

都道府県の名前をなかなか覚えられない児童のために、楽しみながら学べる教材を目指しました。一つひとつの都道府県のドットコードシールには、県庁所在地、人口、郷土料理、観光名所に関する4つの音声がリンクされています。

ねらい

● 全国の各都道府県の県庁所在地、人口、郷土料理、観光名所を学ぶ。
● モード変換シールを使って4つの音声を切り替える。

材料

都道府県の白地図・ドットコードシール・音声ペン
各都道府県の県庁所在地、人口、郷土料理、観光名所に関する各音声を録音した
MP3ファイル
Sound Linker・GMオーサリングツール

作り方

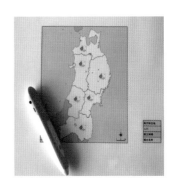

❶ 都道府県の白地図を入手します。

❷ 白地図上の都道府県にドットコードシールを貼ります。

❸ 都道府県ごとに、「県庁所在地」「人口とその全国の順位」「郷土料理」「観光名所」に関する読み上げテキストをExcelファイルで整理します。

❹ それぞれの情報を読み上げて録音し、名前をつけてMP3形式で保存します。

❺ Sound Linkerを使って、音声ペンにコピーするコンテンツを作成します。1つのドットコードシールに4つの音声をリンクします。

＊右のような手作りのモード切り替えのアイコンを用意します。GMオーサリングツールでドットコードを被せてあります。

1	県庁所在地
2	人口
3	郷土料理
4	観光名所

使い方

❶ 音声ペンで都道府県に貼ってあるシールにタッチします。

❷ 1つのドットコードシールに4種類の音声がリンクされています。

モード切り替えアイコンにタッチして、切り替えながら音声を確認します。

＊音声ペンでモードを切り替えるときに、「モード1に切り替えます」というデフォルトの音声ではなく、本教材では「県庁所在地」のように発声するように作ってあります。

❸ 都道府県名や県庁所在地に加えて、郷土料理や観光名所を学ぶことができます。

＊行ったことがない場所や、保護者の出身地などに関心を持つことができます。

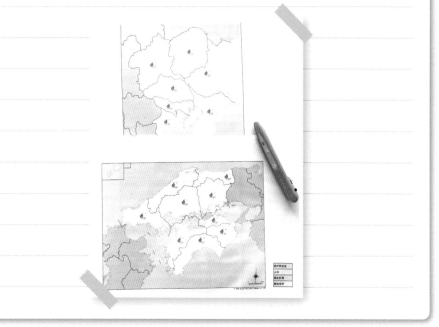

郷土料理や観光名所を聞いて、「へー、そうなんだ」と感心しながら夢中になっている児童もいました。音声ペンのモード切り替えの機能を使うことで、1つのドットコードシールに4つの情報がリンクされており、児童だけでなく教師にも大好評でした。

司会・進行

自分の気持ちを伝える

教科学習

生活単元学習

特別活動・自立活動など

合理的配慮

33 おすすめの本を紹介

２年生の図書の時間に、自分の大好きな本をクラスのみんなで紹介し合う取り組みを行いました。教材シート作りでは、児童自ら積極的に関わることができました。そして自分の考えを発信する意欲や能力を高める学習活動となりました。

ねらい

● おすすめの絵本や本の魅力を伝え合う楽しさを知る。
● 絵本や本を通して、友達の感じ方や考え方を知り、友達とわかり合う。
● 友達や教師のメッセージを聞いて、自分が今まで知らなかった新しい絵本や本を知る。

材料

各児童のおすすめの本・紹介文を書く紙・カメラ・ボイスレコーダー・ラミネーター一式
目玉クリップかとじひも・GM オーサリングツール・音声ペン・Sound Linker

作り方

❶ 各自、自分の「おすすめの本」を１冊選びます。

❷「おすすめの本」を持っている写真を撮ります。

❸「おすすめの本」の短い紹介文を書きます。

❹ ボイスレコーダーで紹介文を録音します。

❺ ②のそれぞれの写真に、GM オーサリングツールを用いてドットコードを被せ、印刷し、「おすすめの本のシート」を作成します。

❻「おすすめの本のシート」をラミネートして、クラス全員分を１冊にまとめます。

❼ Sound Linker を用いて、各自の「おすすめの本のシート」に紹介文の音声をリンクし、音声ペン用のコンテンツを作成します。

❽ 作成したコンテンツを音声ペンの MicroSD Card にコピーします。

『みんなわくわく水族館 お魚いっぱい編』池田菜津美：文、竹嶋徹夫：監修、松橋利光：写真、新日本出版社

司会・進行

自分の気持ちを伝える

教科学習

生活単元学習

特別活動・自立活動など

合理的配慮

❶音声ペンと「おすすめの本のシート」は、図書室に専用コーナーを作り、そこで使用します。

＊使える時間を休み時間と放課後、図書の時間に限定します。

❷児童が初めて音声ペンを使うときは、教師や保護者が使い方を教えます。

１本の音声ペンでも、２人以上の人数で一緒に楽しく聞き合うことができます。

＊シートのどこをタッチしても紹介文の音声を聞くことができます。
＊１、２年生が一緒に学校探検で図書室にきたときには、２年生が１年生に聞かせてあげます。

❸新しく２年生になった児童が「おすすめの本」を紹介するときは、前年度の２年生の紹介文を聞いて参考にすることができます。

＊どんな紹介のしかたをしたらよいのかがわかります。保護者会などを利用して保護者にも聞いてもらいます。

　読書が好きな児童はもちろん、苦手な児童も「２年生のおすすめの本」の音声ペンシートを楽しく聞いていました。知っている友達や教師の声が聞こえてくるので、いっそう絵本や本に対しての興味関心が高まりました。

34 工作の成果を発信

小学校の学習発表会で、2年生全員が「自分が頑張ったこと」を自分の声で、保護者や参加者に伝える取り組みです。今年は「生活科の『作ってためして』」の時間に「どんな思いでどんなおもちゃを制作したのか。そのときに大変だったことや工夫したこと」を音声ペンを使って伝えました。

ねらい

●作ったおもちゃのよさや作るための工夫を、わかりやすく声で伝えることができる。

●気づいたこと、考えたことを伝え合おうとする意欲や能力を高める。

●保護者や地域の人など、多くの人に自分の考えを伝え、表現しようとする意欲を高める。

材料

おもちゃ作りに必要な「材料」（身近にある紙コップや割り箸など）・音声ペン・Sound Linker・ドットコードシール・発表シート（発表内容を書いたもの）・ボイスレコーダー

作り方

❶身近な物を使って「おもちゃ」を作ります。

❷おもちゃの特徴や工夫を「発表シート」に書きます。

❸ボイスレコーダーで各自、自分の発表を録音します。

❹録音した声を用いて音声ペンで聞けるコンテンツを作成し、音声ペンの MicroSD Card にコピーします。

❺拡大したクラス写真に児童分のドットコードシールを貼りつけ、「音声ペンコーナー」を設置します。

司会・進行

自分の気持ちを伝える

教科学習

生活単元学習

特別活動・自立活動など

合理的配慮

❶ 学習発表会で、生活科の時間に作ったおもちゃを楽しむ「ゲームブース」と、説明を聞く「音声ペンブース」を設けました。

＊地域の子どもたち、保護者、地域の方々みんなが「音声ペン」を使えるよう児童を案内役にし、使い方などを説明します。

❷「音声ペンブース」では、音声をリンクしてあるドットコードシールに「音声ペン」をタッチして、聞きます。

＊黒板に全員の顔写真があるクラス写真を掲示し、各自の写真に音声を再生するドットコードシールを貼りつけておきます。

❸ 多くの児童の音声を聞くことで、わかりやすい伝え方などを学びます。

＊一人ずつ発表するのではなく、多くの児童の発表が聞けること、聞き漏らしがあれば、聞きなおすことができる機能を活用します。

　児童が音声ペンに興味を持ち、「発表したい。どんなふうに紹介しようかな」と意欲的に取り組むことができました。児童たちは短い時間で、「わかりやすく伝える力」を身につけました。保護者からは、「子どもたちの頑張ったところを聞くことができた。家でもほめてあげたい」「子どもたちの姿と聞いた音声とを合わせて、成長を感じました」などの意見が寄せられ、児童たちのよいところに注目が集まったことがわかりました。

試験問題の読み上げ

読んでもらうと内容を理解できますが、自分で音読や黙読すると、何度も読み直さなければ読んでいる内容を理解できません。耳から情報を入れることによって理解しやすくなることを期待して、担任の教師の協力を得て作成しました。

ねらい

●書いてある文章の内容を音声ペンで再生し、聞くことによって理解する。

●音声ペンを使用することにより、他の生徒と同じ部屋で試験を受けることができる。

材料

音声ペン・ドットコードシール・MicroSD Card・Windows パソコン・Sound Linker

 作り方

❶定期テストの問題用紙の（音声をリンクする）ドットコードシールを貼る箇所に、番号を記入していきます。

❷周りの音声が入ってしまうため、静かなところで問題文の録音を行います。

❸録音した音声を問題文ごとに切り取り、それぞれのファイル名をドットコードシールの番号に対応させて保存します。

❹ Sound Linker を使って音声ペン用のコンテンツを作ります。

❺テストの問題用紙の各設問の箇所にドットコードシールを貼ります。問題用紙が小さくて重なってしまいそうなときは、問題用紙を A3 判に拡大してからドットコードシールを貼ります。

＊縦列に入りきれないときは、空いているスペースに貼ります。

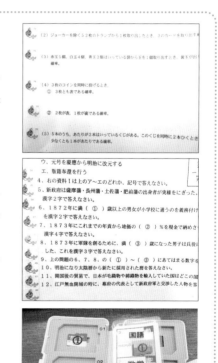

❶ 問題用紙に貼ってあるドットコードシールに音声ペンを当て、音声を聞いて問題文を理解します。

❷ 部分的に何度も聞くことができるように、問題文を細かく聞けるように作りました。1つの問題に複数の設問があるときは、できるだけ設問ごとに聞けるようにしてあります。

❸ それぞれにタッチして、問題に回答します。

生徒にも慣れが必要ですが、黙読するよりも内容が理解できた様子でした。音声ペンを使用すると、自分のペースで何度も再生することができるため、誰かに気兼ねすることもなく繰り返し聞くことができます。

司会・進行

自分の気持ちを伝える

教科学習

生活単元学習

特別活動・自立活動など

合理的配慮

G-Pen Blue

G-Pen Blue でタッチすることで、剥がして貼れるドットコードシールにリンクした動画などを iPad や iPhone のスクリーンに再生することができます。G-Speak との大きな違いは映像を再生できる点です。無料で貸与される GCV というソフトウェアを使えば、iPad などに保存されている動画や画像、音声などを活用したコンテンツを作ることができます。

バスケットボールの お手本動画

バスケットボールの基本的な技術を習得するとき、1度の模範演技や言葉のみの指導では、習得することが難しい生徒がいます。繰り返し確認できる教材が必要だと考えました。

ねらい

● iPad で繰り返し模範演技を見ることができるようにする。
● 生徒が互いに教え合えるツールとする。

材料

ドットコードシール・G-Pen Blue・GCV・iMovie
ビデオカメラ・保健体育の教科書・iPad

 作り方

❶ 専門の教師に、教科書に載っているバスケットボールの動作をしてもらい、その様子を iPad で動画撮影します。

❷ iMovie を用いて、動画の編集を行います。雑音などを除き、模範演技の名前をクリップへ挿入します。また、簡単な解説を挿入します。

❸ 教科書の模範演技の写真の横にドットコードシールを貼ります。

❹ それぞれのドットコードシールに対応する動画クリップを、GCVという iPad のアプリを使ってリンクします。

リーチバックシュート

使い方

①体育館に、動画が記録されている iPad とドットコードシールが貼られた教科書を3〜4か所に置いておきます。

②実技練習の順番待ち時間に、生徒が G-Pen Blue でドットコードシールをタッチし、iPad に映った動画を見ます。

＊ GCV のアプリを用いて G-Pen Blue の ID を登録してコンテンツを作成し、iPad 接続されていることを確認しながら使用します。

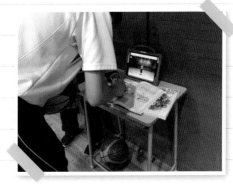

③繰り返し動画を見ることで、体の動かし方をイメージします。

生徒はよく知っているバスケットボール部の教師が動画に出てきたので、喜んで再生していました。また、生徒が動画を見ながら互いに「ここの動きはこうだよ」と教え合い、コミュニケーションツールにもなっていました。

司会・進行

自分の気持ちを伝える

教科学習

生活単元学習

特別活動・自立活動など

合理的配慮

37 動画を見てケーキを作ろう

ダウン症や自閉症を持つ高校生のクラスで、調理実習を行うときに、次のステップがわからなくなる生徒がいます。生徒たちが iPad の画面で、次のステップを確認しながら進めることができるように、担任の教師の指導を受けて作成しました。

ねらい

●生徒たちが、出来るだけ自分たちの力でシフォンケーキ作りを行う。
●シフォンケーキ作りの各ステップの動画を参照しながら生徒たちが協力して調理実習の活動に取り組む。

材料

シフォンケーキ作りの各ステップを書いたシート
ドットコードシール
各ステップの様子を撮影したビデオクリップ
iMovie
GCV
G-Pen Blue

作り方

❶シフォンケーキの制作手順を書いたシートを作成します。

❷それぞれのステップに、ドットコードシールを貼ります。

❸それぞれのステップにリンクする動画クリップを撮影し、iMovie を使って雑音を消去し、簡単な解説をつけます。

❹ GCV を使って、それぞれのドットコードシールに、編集した動画クリップをリンクします。

❶調理を始める前に、G-Pen Blue を使って、ドットコードシールをタッチし、iPad のスクリーンに動画を再生し、シフォンケーキ作りの流れを確認します。

❷手順がわからなくなったときや、次の工程を確認したいときに、G-Pen Blue でタッチして動画を確認します。

＊調理中に G-Pen Blue が汚れないように、ビニールで覆って使いました。支障なく使用できました。

を入れます

泡立て器で混ぜ合わせます
く混ぜましょう

メレンゲを

複雑なところや次の工程がわからなくなったときに、何度でも確認でき、教師の手助けをできるだけ少なくして、生徒たちが共同でシフォンケーキ作りに取り組むことができました。

司会・進行

自分の気持ちを伝える

教科学習

生活単元学習

特別活動・自立活動など

合理的配慮

38 ごはんとみそ汁の調理

多動性がある児童を含む元気のいいクラスで家庭科の「食べて元気 ごはんとみそ汁」という調理実習を行うために、iPad を使った動画コンテンツを作りました。

ねらい

● ICT 機器を活用して、調理実習を安全に行うことができる。
● できるだけ教師の手を借りずに、自分たちで作業ができる。

材料

iPad（24 名のクラスで、班ごとに使えるように6台用意）・G-Pen Blue
ドットコードシール・GCV・調理実習の各工程の動画・作り方の教材シート
ごはんを炊く、みそ汁を作るための材料と調理器具一式

作り方

❶ あらかじめ、ごはんとみそ汁の調理実習の各工程の動画を撮影する。

❷ 動画を編集（サイズ変更やカット、字幕、音楽、アフレコの追加など）し、各工程のクリップを作成する。ファイル名をつけて iPad に保存する。

❸ 動画の一部を写真にし、その写真を使って調理実習の各工程を記した A4 判サイズのシートを作成し、印刷する。

❹ 印刷した教材シートの各工程の写真の近くにドットコードシールを貼り、ラミネート加工する。

❺ iPad に保存してある動画を使って、GCV アプリを活用し、動画再生のコンテンツを作成する。

❶ 4時間の調理実習の最初の2時間に、黒板に貼った教材ボードを確認しながら班ごとに次週の2時間続きの調理実習の流れを確認します。

❷ iPad で各工程を確認しながら、調理実習時の各自の役割分担を行います。

❸ 実際の調理実習の際には、各班に材料、iPad と教材シート、G-Pen Blue を配布しておきます。

❹ 児童は、ドットコードシールをタッチして各工程の解説や注意点などを動画で確認しながら調理実習を進めます。

❺ 途中で次の工程を確認したいときにも使用します。

　この動画は家庭科の教師の協力を得て、大学のゼミ生が作ったものです。教師が別の班にいて聞くことができないときに、この教材を使って作業工程や作業内容を確認することができ、児童からは大好評でした。家庭科の教師からは「自分たちでやろうとする意識が強まったのではないか。作業内容の視覚化は今の子どもたちにとっては、何より強い味方だったと思う」という感想をいただき、作成したゼミ生も大喜びでした。

司会・進行

自分の気持ちを伝える

教科学習

生活単元学習

特別活動・自立活動など

合理的配慮

39 学年ソングを手話で覚えよう

知的障がい特別支援学校の高等部1年生（言葉で意思疎通ができる生徒、カードやジェスチャー、発声などで自分の気持ちを伝える生徒など）の実践です。多様な生徒たちです。

ねらい

●学年ソング（いきものがかりの「SAKURA」）の手話を覚える。

材料

歌詞カード・手話の動画・iPhone・大型モニター
G-Pen Blue・ドットコードシール・GCV

作り方

❶「さくら」「ひらひら」などの歌の歌詞を印刷し、フレーズごとに区切ってカードにします。

❷バラバラにして生徒に配って、みんなで歌詞を組み立てます。

❸それぞれの歌詞に動画をリンクするドットコードシールを貼ります。

❹歌詞の手話の動画を作成します。

❺それぞれの動画を、GCVを使ってそれぞれのドットコードシールにリンクし、iPhone用のコンテンツを作成します。

① 歌詞のフレーズを模造紙に貼ります。

② iPhone を大型モニターに接続します。

③ G-Pen Blue ペンを使って、歌詞のフレーズに貼ってあるドットコードシールにタッチし、手話の動画を再生します。

④ テレビに映された動画を見ながら、歌詞の手話を覚えます。

⑤ みんなの前で、手話を使って歌唱を発表します。

司会・進行

自分の気持ちを伝える

教科学習

生活単元学習

特別活動・自立活動など

合理的配慮

　生徒たちは、自分たちでどんどん歌詞カードのドットコードシールをタッチして動画を再生し、手話を覚えていくことができました。普段人前で歌うことに自信がない生徒でも、一生懸命手話を覚え、みんなの前で発表することができました。自分たちの担任が動画に出てくることで、「○○先生だ！」と喜んで見ている生徒が多かったです。

40 作業学習動画説明書

8つの工程に分かれている作業学習の活動内容を説明するにあたり、静止画ではイメージしにくく、流れを十分に理解できる教材が必要です。また、授業参観などの際に長時間個別に一つひとつ説明するよりも、全員がそれぞれ自分で確認できるほうが便利です。

ねらい

●作業学習の内容と全体の流れを確認しイメージできる。

●文化祭などで、近隣の学校の児童生徒や地域の人たちに、作業活動を動画でわかりやすく知らせる。

材料

G-Pen Blue・GMオーサリングツール・GCV
作業工程一覧表・作業工程の録画データ

作り方

❶各工程の作業の様子を動画で撮影します。

❷各工程の作業の様子を写真で撮ります。

❸作業工程を写真一覧で記したシートを作成します。

❹それぞれの作業工程の写真に、GMオーサリングツールでドットコードを被せます。

❺GCV、G-Pen Blueを使って、動画クリップを工程表のシートの写真にリンクしたコンテンツを作成します。

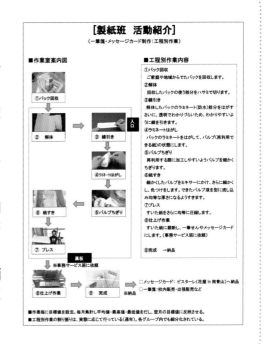

司会・進行

自分の気持ちを伝える

教科学習

生活単元学習

特別活動・自立活動など

合理的配慮

❶写真入りの作業工程一覧表で作業活動全体の流れを理解します。

❷一覧表の中で細かく確認したい工程の写真を、G-Pen Blue でタッチし、iPad の画面を見て動画で確認します。

＊簡単な操作で、全体の中で瞬時に必要な箇所が確認できます。
＊一般的な説明書の図と説明だけでは理解が難しいです。動画をいれることで理解しやすくなります。

❸動きのポイントを音声解説で確認することができます。

❹手元の iPad の手本動画を確認しながら、実際の動きと見比べることもできます。

＊ GCV、G-Pen Blue を使って、動画クリップを工程表のシートの写真にリンクしたコンテンツを作成しました。教室の中で「１年間の楽しい思い出」を動画で振り返る活動などにも使えます。

保護者からは、写真だけではわからなかった細かい動作や、一連の流れを知れて安心したという声をいただきました。保護者や外部の関係者だけでなく、生徒への作業内容の説明にも活用可能です。生徒もわからないところを繰り返し自分で確認することができました。

他の先生はこんな教材も作っています

● 「見る」「聞く」「書く」で、楽しみながら言葉の学習に取り組もう〈 永瀬揚子 〉

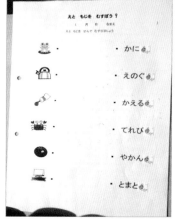  

実践の様子

●取り外し型の司会進行ボード〈 吉田　茜 〉

●作業学習用のコンテンツ〈 山下さつき 〉

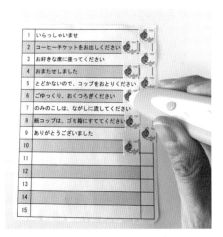

実践の様子

●英語学習用のコンテンツ〈 重松美樹 〉

実践の様子

●コミュニケーション能力の向上を目指して〈 葛西美紀子 〉

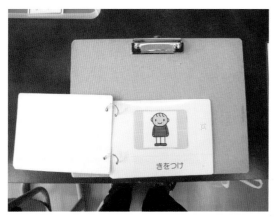

実践の様子

●九九を学ぶ教材（ドットコードを被せています）〈 中野ほなみ，中澤裕子 〉

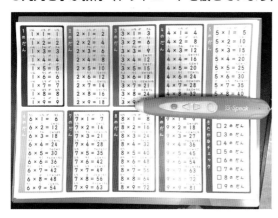

実践の様子

●市販教材を活用した聞く力を育てる教材
〈 齊藤　唯 〉

●朝の会・帰りの会の司会ボード〈 中村愛美 〉

実践の様子

●読み書きに困難を抱える児童のやる気を引き出す〈 金子千賀子 〉

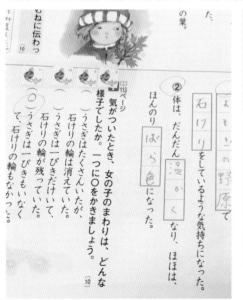

実践の様子

●おすすめの本の紹介〈 玉井優衣，中澤裕子 〉

実践の様子

●始まりや終わりの挨拶をしよう〈 松浦華子 〉

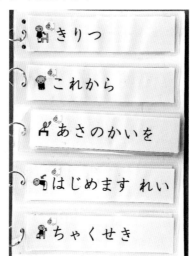

●一人でできる朝の会の司会・進行 〈 石田亜由美 〉

●朝の会・帰りの会の司会 〈 山本真実 〉

実践の様子

●お楽しみ会の司会 〈 根橋　亘 〉

実践の様子

●健康観察をしよう〈 平久保義則 〉

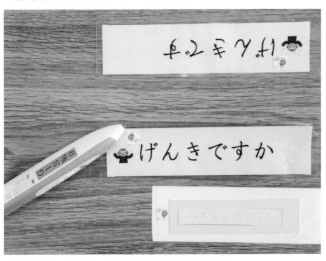

●発音の学習〈 濱野夏季 〉

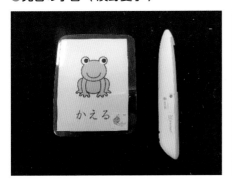

実践の様子

他にも、大妻女子大学の「人間生活文化研究」に、教材と実践の
様子がたくさん掲載されています。
(http://journal.otsuma.ac.jp/list.html)

操作の手引き

音声ペン・ドットコードシール・各ソフトウェアの入手方法は
143 ページを参照してください。

1 ドットコードシール

　グリッドマークの開発したドットコードをあらかじめ被せてあるシートには、次のようなものがあります。

1.　生田がグリッドマークに依頼して作成したシート（Magical Sheet）

　生田がグリッドマークにお願いして作っていただいたものには 1.2cm 平方の 1 番から 117 番までの番号のついたシールからなるシートと、2.0cm 平方の 1 番から 130 番までの番号のついたシールからなるシートの 2 種類があります（図 1）。

図 1　2 種類のシート
**　　　（Magical Sheet)**

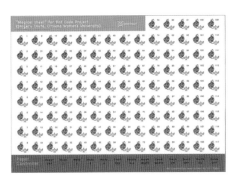
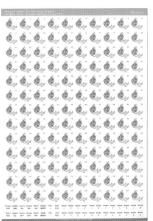

　この 2 種類のシートは、それぞれのシールの大きさが違うだけで全く同じ働きをします。どちらのシートにも、それぞれのシールについている番号と同じ内部コードのドットが印刷されています。この内部コードは、G-Speak などのコンテンツを作るときに大切となります。

　それぞれのシートの 1 個 1 個のシールには、最大で 4 個の音声をリンクすることができます。

　また、File Linker というソフトウェアを用いることで、音声に加えて、最大 4 個までの動画をリンクすることができます。これら 1 個 1 個にリンクした音声や動画は、モード切り替えを行って再生します。これら 2 種類のシートの下部には、モード切り替えのアイコンシールが添付されています。

　（これら 2 つのシートは、在庫がある限り、学校の教師に無料で配布しています。）

　また、これらのシートには、モード切り替えのシールの他に、音声ペンに内蔵されているマイクロフォンを利用した音声の録音の開始や、シールにタッチしたときの「タッチオン」を制御する機能を持つシールなどが配置されています。

2. グリッドマークのピンク、ブルー、グリーンのシート（dsp ドットシール）

グリッドマークの作成したこれら3色のシート（図2）には、同じ1番から100番までの番号がついていますが、ドットコードの内部コードは、シートの色によって異なり、ピンクの1番の内部コードは 136511489、ブルーの1番は 136511589、グリーンの1番は 136511689 となっています。したがって、それぞれのシートの色ごとに（同じ番号のシールでも）内部コードは違っていますので注意が必要です。

図2 ピンク、ブルー、グリーンのシート（グリッドマーク）

この製品は、PayPay モールやグリッドマークから dsp ドットシールとして販売されていましたが、現在は販売終了となっています。

3. グリッドマークの1番から 1,000 番までの数値がついたブルーのシート（dot sticker）

グリッドマークから、1番から 1,000 番までの数値の入ったシールからなる 10 枚セットの新しいシートが発売されました（図3）。このシートの1番のシールの内部コードは、136511789 です。

filelist.csv と NANA.exe ファイルを用いることで、10 モードに対応したコンテンツを作ることができます。また、新しい Sound Linker を用いても、10 モードに対応したコンテンツを作れるようになりました。

図3 dot sticker 音声ペンセット（グリッドマーク）

したがって、この 10 モードを利用すると1番から 1,000 番までの 10 枚セットのシート全体で 10,000 個の音声をリンクすることができます。

このシート 10 枚（1-1,000 番までのシール）と音声ペン G-Speak のセットは、Gridmark STORE から、10,780 円（税込）で販売されています（http://gridmark.co.jp/dotsticker）。

4. GM オーサリングツールを用いて、自分でドットコードを被せる

4-1 自分の作成したドキュメントにドットコードを被せる

グリッドマークが開発した GM オーサリングツールというソフトウェアを用いることで、自分で作成したドキュメント（JPEG の画像として準備しておきます）の「好きなところに、好きな大きさで、好きな数だけ」ドットコードを被せることができます（図4）。

4-2 ドットコードを被せた画像を PDF ファイルとして出力する

ドットコードを被せた下絵画像を、800dpi で PDF ファイルとして出力します。

4-3 出力した PDF ファイルを印刷する

Adobe Acrobat Reader などを用いて、ドットコードの被った PDF ファイルを、次の設定を行ったうえで、カラープリンターで印刷します。

・ページサイズ処理で「実際のサイズ」を選びます。
・詳細設定のカラーマネジメントメニューから「黒を維持」「CMYK 原色を維持」を選びます。
・「プリンターの機能」の印刷品位で「きれい（1,200 × 1,200dpi）」を設定し、カラー印刷します。

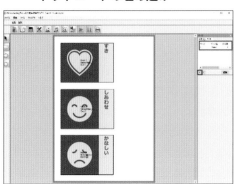

図 4　GM オーサリングツールによる ドットコードの埋め込み

1,200dpi 以上の高解像度のカラープリンターは、高価ですが、自分でドットコードを被せてみたいという方は、生田、または、グリッドマークにご相談ください。

---

2 シールに音声をリンクするには

ここでは、販売されているシールや GM オーサリングツールで被せたドットコードに、音声（音声ファイル）をリンクしてコンテンツを作る方法について解説します。実際に、音声を再生するためのツールは、音声ペン G-Speak です。

1. 音声ペンの録音機能を使って、シールに音声をリンクする方法

音声ペン G-Speak（図 5）は、前面に小さなマイクロフォン（小さな穴です）がついています。このマイクロフォンを使うことで、簡単に G-Speak で録音した音声を再生するコンテンツを作ることができます。

生田がグリッドマークに依頼して作っていただいたシートの最下部には、さまざまな機能を持つシールがついています。こうしたシールを使って、以下のようにして、音声ペン用のコンテンツを作ることができます。

（1）音声ペンの前面の丸ボタンを長押しして電源を入れます。音声ペンの最下部が緑色に点灯します。
（2）シートの "Start REC" アイコンを音声ペンでタッチします。音声ペンの最下部が赤く点灯します。
（3）音声ペンの前面のマイクロフォンに向かって話し、シールの１番をタッチします。今、録音した音声が再生されるとともに、シール１番にリンクされます。

図 5　G-Speak の各部位の名称

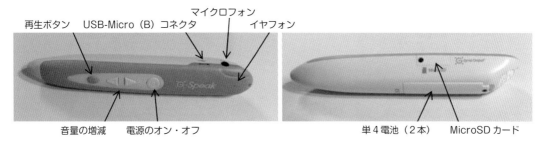

再生ボタン　　USB-Micro（B）コネクタ　　マイクロフォン　　イヤフォン

音量の増減　　電源のオン・オフ　　　　　単 4 電池（2 本）　　MicroSD カード

（4）再度、"Start REC" アイコンを音声ペンでタッチして録音し、今度はシールの 2 番目に
タッチします。今、録音した音声が再生されるとともに、シール 2 番にリンクされます。
（5）この操作をリンクする音声の数だけ繰り返します。これらの操作で、録音してタッチした
シールの番号に、それぞれの音声がリンクされます（途中の番号のシールから始めても大丈
夫です。タッチしたシールに音声はリンクされます）。
（6）音声をリンクしたシールを音声ペンでタッチし、音声が再生されることを確認してください。
（7）途中で間違ってしまったり、上書きしたいときは、(2) と (3) の操作を再度行って音声を上
書きしてください。

> **ヒント 1**　この操作では、録音しているときに周りの雑音も拾ってしまいます。できるだけ静かなところ
> で操作してください。一方で、その場の臨場感あふれる音声をリンクするには、この方法は優れた方法です。

> **ヒント 2**　この方法では、それぞれのシールに 1 個の音声しかリンクができません。それぞれのシールに
> 複数の音声をリンクしたい（複数のモードを使いたい）とき（例えば、日英両言語の読み聞かせの絵本を作
> りたいなど）は、以下の「ソフトウェアを利用する方法」でコンテンツを作成してください。

2.　filelist.csv と NANA.exe を利用する方法 （WindowsOS 用のソフトです）

　音声ペン用のコンテンツを作るのに、音声ファイルのリンクテーブル (filelist.csv ファイル)
と NANA.exe プログラムを使う方法があります。

　この方法を用いるには、あらかじめ iPhone などを用いて音声を録音し、音声編集ソフトウェ
アである Audacity などを用いて、ノイズの除去や音量の調節を行ったうえで、コンテンツ作成
を行う WindowsPC に保存しておく必要があります（iPhone のアプリを用いた録音で、比較的
雑音の少ない音声が得られます）。

2-1 リンクテーブル (filelist.csv ファイル) の編集

　図 6 の demo/I am as Quick as フォルダーには、次のように 24 個の英語の音声（1.mp3,
2.mp3…24.mp3）と 24 個のアラビア語の音声（1a.mp3, 2a.mp3…24a.mp3）、そして、
filelist.csv、NANA.exe の合計 50 個のファイルが入っています（I am as Quick as という絵
本の英語とアラビア語の両言語での読み書かせのコンテンツ用の音声ファイルです）。

　filelist.csv ファイルをダブルクリックすると、次のように Microsoft Excel で開くことがで
きます（図 7）（filelist.csv ファイルは、csv 形式のファイルです。TeraPad のようなテキス
トエディターで開くことを勧めます）。

（1）この filelist.csv ファイルでは、A カラムに 24 個の 1 と 24 個の 2 が、それぞれ連続して入力されています。これは、それぞれのドットコードシールに英語とアラビア語の 2 つの音声をリンクすることを示しています（2 つの音声のリンクには、モード 1 とモード 2 を使用します。合計で 48 個の音声ファイルを使っています）。

（2）B カラムには、A カラムの 1 と 2 に対応して 1, 2…24 の連続した数値が、2 度繰り返して入力されています。英語の音声ファイル（ここでは A カラムの 1 に対応しています）の 24 個分、アラビア語の音声ファイル（ここでは A カラムの 2 に対応しています）の 24 個分です。音声をリンクするシールの番号に対応します。このデモ用のコンテンツでは、生田がグリッドマークに依頼して作った Magical Sheet を使うことを前提に作っています。グリッドマーク製のシートを使うときには、それぞれのシールの内部コード番号を入力することになります。

（3）C カラムには、それぞれのドットコードシールに実際にリンクする音声ファイル名を入力しています。ここでは、1a.mp3, 2a.mp3…24a.mp3 が A カラムの 1 のシリーズに、1.mp3, 2.mp3…24.mp3 が A カラムの 2 のシリーズに対応しています。

このCカラムに入力した mp3 形式の音声ファイルは、filelist.csv と NANA.exe ファイルと同じフォルダー（ディレクトリ）に入れておく必要があります。

この filelist.csv ファイルを、自分の作成するコンテンツに合わせて編集することになります。

（4）編集が終了したら、ファイルメニューの「名前をつけて保存」を選択し、CSV 形式となっていることを確認したうえで、「保存」をクリックしてください。"ファイル filelist.csv は既に存在します。既存のファイルを上書きしますか？"と聞かれますので、OK ボタンを押してください。保存が終了したら、Excel のウインドウを閉じてください（TeraPad などのテキストエディターを用いると、編集や保存の作業が簡単に済みます。試してみてください）。

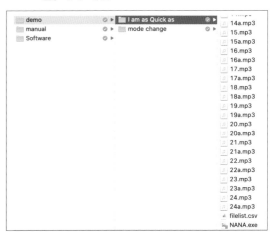

図 6　I am as Quick as フォルダー中の音声ファイル

図 7　filelist.csv ファイル

	A	B	C
1	1	1	1a.mp3
2	1	2	2a.mp3
3	1	3	3a.mp3
4	1	4	4a.mp3
5	1	5	5a.mp3
6	1	6	6a.mp3
7	1	7	7a.mp3
8	1	8	8a.mp3
9	1	9	9a.mp3
10	1	10	10a.mp3
11	1	11	11a.mp3
12	1	12	12a.mp3
13	1	13	13a.mp3
14	1	14	14a.mp3
15	1	15	15a.mp3
16	1	16	16a.mp3
17	1	17	17a.mp3
18	1	18	18a.mp3
19	1	19	19a.mp3
20	1	20	20a.mp3
21	1	21	21a.mp3
22	1	22	22a.mp3
23	1	23	23a.mp3
24	1	24	24a.mp3
25	2	1	1.mp3
26	2	2	2.mp3
27	2	3	3.mp3
28	2	4	4.mp3
29	2	5	5.mp3

ヒント1 セルに入れる数字や文字はすべて半角です。C カラムに入力する音声のファイル名は日本語のファイル名も可能ですが、できるだけ単純な英数字でつけるのが賢明です。

ヒント2 filelist.csv ファイルの C カラムと同じ数の、同じ名前の MP3 形式のファイルが、filelist.csv が入っているフォルダーと同じところにないといけません。

ヒント3 音声ファイルの形式は、MP3 です。Audacity などを使用して、ノイズを除去し、音量を調整した後で、MP3 に変換の上、保存してください。Audacity はフリーのソフトウェアです。ダウンロードしてお使いください。

ヒント4 filelist.csv ファイルの B カラムには、ドットコードの内部コードを入力します。Magical Sheet、グリッドマークの 3 色のシート、グリッドマークの新しいブルーのシートを同時に使い、数多くの音声ファイルを用いたコンテンツを作ることも可能です。

2-2 NANA.exe の実行（コンテンツの作成）

filelist.csv ファイルを編集し、C カラムに入力したのと同じ名前の MP3 形式のファイルがすべて filelist.csv や NANA.exe ファイルと同じフォルダー内にあることを確認してください。

（1）NANA.exe（図 8）をダブルクリックします。

エラーがなければ、図のように Private フォルダーが作成されます。

もし、この Private フォルダー以外にフォルダーが作られたときは、作られたフォルダー名の音声ファイル名に問題があって、エラーが起きています。filelist.csv ファイルの C カラムに入力した音声ファイル名が実際の音声ファイル名と同じ名前になっているかを確認してください。誤りを修正の上、作成されたフォルダーと Private フォルダーの両方を削除の上、NANA.exe を再度ダブルクリックして実行してください。

図8 Private フォルダーの生成

（2）作成された Private フォルダーをダブルクリックして開くと GMVRC フォルダーが生成されています。さらに、GMVRC フォルダーの中には、次の図 9 のように 2 つのフォルダーが収められています。

さらに、D231200000000 フォルダーには、次の図 10 のように、Mode 1 用の英語の音読用の音声に対応する 24 個の音声が DS001.MP3, DS002.MP3, DS003.MP3…DS024.MP3 という名前に変換されて収められています。同じく、D231200000000_2 フォルダーには、Mode 2 用のアラビア語の音読用の音声が、同じ DS001.MP3, DS002.MP3, DS003.MP3…DS024.MP3 という名前で収められています。

（macOS 用には、別途、MacOS 用の NANA というプログラムが用意されています。後述の使用方法を参照してください。）

図9　GMVRCフォルダーの内容

名前	更新日時
📁 D231300000000	2020/03/03 20:37
📁 D231300000000_2	2020/03/03 20:37

2-3 作成したコンテンツ (GMVRC) を音声ペンにコピー

音声ペンの MicroSD Card に、次の手順で、GMVRC フォルダーをコピーします。

（1）USB-Micro(B) ケーブルの USB コネクタを WindowsPC の USB に接続します。

（2）**電源を入れないで、音声ペン G-Speak を、（デスクトップに MicroSD Card のボリュームが表示されるまで）前面のマイナスボタンを押しながら、Micro(B) のコネクタに接続します。**

（3）WindowsPC のデスクトップに MicroSD Card のボリュームが表示されます。MicroSD Card のボリュームを開くと GMVRC と Message の２つのフォルダーが見えます。この GMVRC フォルダーを、先ほど作成したコンテンツの Private フォ

図10　D231200000000 フォルダーの内容

名前	更新日時
DS001.MP3	2016/11/02 13:54
DS002.MP3	2016/11/02 13:56
DS003.MP3	2016/11/02 14:19
DS004.MP3	2016/11/02 14:20
DS005.MP3	2016/11/04 8:40
DS006.MP3	2016/11/04 8:42
DS007.MP3	2016/11/04 8:43
DS008.MP3	2016/11/04 8:44
DS009.MP3	2016/11/04 8:45
DS010.MP3	2016/11/04 8:46
DS011.MP3	2016/11/02 16:40
DS012.MP3	2016/11/02 22:28
DS013.MP3	2016/11/02 22:31
DS014.MP3	2016/11/02 22:31
DS015.MP3	2016/11/02 22:32
DS016.MP3	2016/11/02 22:33
DS017.MP3	2016/11/03 16:56
DS018.MP3	2016/11/02 22:35
DS019.MP3	2016/11/02 22:36
DS020.MP3	2016/11/02 22:37
DS021.MP3	2016/11/02 22:14
DS022.MP3	2016/11/02 22:15
DS023.MP3	2018/02/13 20:08
DS024.MP3	2018/02/13 20:08

ルダーの中の GMVRC フォルダーで置き換えてください。Message フォルダーは消去しないで、そのままにしておいてください。Message フォルダーには、「選択したドットコードには、音声データがリンクされていません」などのメッセージの音声が収められています。

（4）コンテンツのコピーが終わったら、通常の USB デバイスの切り離しと同じ手順で音声ペンの MicroSD Card を取り外してください。

2-4 音声の再生

（1）音声ペンの電源を入れます（音声ペンの最下部に緑色のランプがつきます）。

（2）コンテンツをコピーした直後に電源を投入したときだけ、音声ペンが稼働するまでに時間がかかります。数秒待つと、ピッと音がします。

（3）シールに触れて、音声が再生されることを確認してください。音声がリンクされていないシールをタッチすると、「選択したドットコードには音声データがリンクされていません」という音声が再生されます。

（4）音声ペン前面のオレンジの音声再生ボタンを押すと、今、再生された音声をもう１度リピート再生して聞くことができます。

2-5 ドットコードシールを、音声を再生する対象物へ貼りつけ

シールをシートから剥がして、「音声を発音したいもの（何でも可）」に貼りつけて完成です。

3. Sound Linker を利用する方法 (WindowsOS 用のソフトです)

　ここでは、Sound Linker というソフトウェアを用いて、音声ペン用のコンテンツを作成する方法について説明します。

[制作の手順]

3-1 Sound Linker を WindowsPC や WindowsOS のタブレットにインストールしておきます。

3-2 あらかじめシールにリンクする音声を録音し、MP3 形式のファイルとして保存しておきます。

3-3 Sound Linker をダブルクリックすると、次のような画面になります（図 11）。英語メニューになっているときは、setting をクリックして「日本語」を選んで OK を押すと日本語メニューに切り替えることができます。

3-4 生田の配布している Magical Sheet のシールを使うときには、Sound Linker を立ち上げるたびに、次の設定を行ってください。

　　画面の左上の 0010 を 0000 に選択し直してください（図 12）。
　（グリッドマークの販売しているピンク、ブルー、グリーンの３色のシートを使うときは、この 0010 のままで使ってください。）

図 11　Sound Linker の起動画面

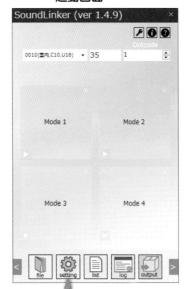

図 12　初期設定の変更

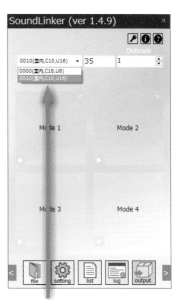

日本語メニューが必要なときは、setting をクリックして、日本語メニューに切り替えてください。

0010 を 0000 にします。

3-5 ここでは、図 13 に示すように 1.mp3, 2.mp3…and5.mp3 の 5 個の日本語用の音声ファイル、1a.mp3, 2a.mp3, 5.mp3 and 5a.mp3 の 5 個の英語用の音声ファイルを使ってコンテンツを作ることにします。

　各シートの 1 個 1 個のシールには最大 4 個の音声ファイルをリンクすることができますが、ここでは、1 個のシールに 2 個ずつ、音声ファイルをリンクする操作を示します。ここでは、Mode1 と Mode2 を使います。

3-6 初期設定では、画面右上の Dotcode が 1 になっています。画面中央の Mode1 欄に 1.mp3 を、Mode 2 欄に 1a.mp3 をドラッグ & ドロップします（図 13）（もちろん、Dotcode を途中の番号から始めることも可能です）。

　この操作で 1.mp3 と 1a.mp3 が、シール 1 番の Mode1 と Mode2 に、それぞれリンクされます。

3-7 右上の Dotcode 番号を増やしながら、それぞれの Dotcode に対応する音声をドラッグ & ドロップします。

図 13　Mode 1、Mode2 への音声の
ドラッグ & ドロップ

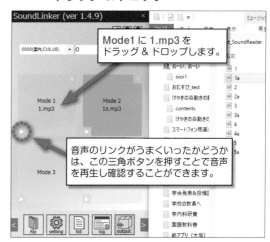

図 14　音声のドラッグ & ドロップ
（合計 10 個の音声ファイルのリンク）

3-8 今回の例では、10 個の音声を 2 個ずつ 1 から 5 までのシールにリンクしています。最後の 10 個目の音声である 5a.mp3 の Mode2 欄へのドラッグ & ドロップが終わると、次のような画面となります。もちろん、Dotcode の数値は 5 となっています（図 14）。

3-9 図 15 から図 18 にしたがって、音声ペンにコピーするコンテンツを作成します。

3-10 図 19 のように、Output という新しいフォルダーが出力されます。
　この Output フォルダーを開くと、GMVRC と Message の 2 つのフォルダーが収められています（図 20）。
　GMVRC が音声ペンにコピーするコンテンツです。

3-11 GMVRC フォルダーを音声ペンの MicroSD Card にコピーします。

（1）USB-Micro(B) ケーブルの USB コネクタを WindowsPC の USB に接続します。

（2）電源を入れないで、音声ペン G-Speak を、（デスクトップに MicroSD Card のボリュームが表示されるまで）前面のマイナスボタンを押しながら、Micro(B) コネクタに接続します。

図15 画面右下の output をクリック

画面右下の output を
押します。

図16 作成するコンテンツの
出力先フォルダーの指定

次に、画面の Output Path
欄の右端をクリックし、生成
するコンテンツの保存先を選
択して指定します。そして、
OK ボタンを押してください。

コンテンツと一緒に生成される
Message フォルダー（音声ペンの
メッセージ）を英語にしたいときは、
Language から英語を選んでくださ
い。

図17 コンテンツの作成

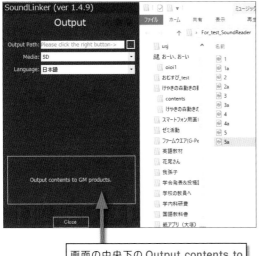

画面の中央下の Output contents to
GM products をクリックします。

図18 コンテンツの作成完了

「コンテンツ出力が完了しました」と表示さ
れたら、OK を押してください。

図 19　Output ファルダーの生成

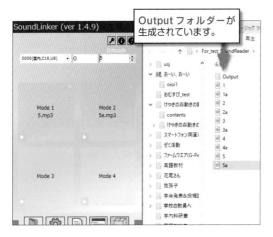

> Output フォルダーが
> 生成されています。

図 20　Output フォルダーの中身

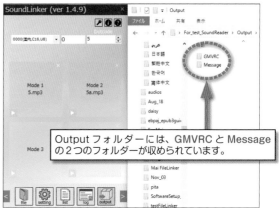

> Output フォルダーには、GMVRC と Message
> の 2 つのフォルダーが収められています。

（3）WindowsPC のデスクトップに MicroSD Card のボリュームが表示されます。

MicroSD Card のボリュームを開くと GMVRC と Message の 2 つのフォルダーが見え
ます。この MicroSD Card の GMVRC フォルダーを、Output フォルダーの GMVRC
フォルダーで置き換えてください。Message フォルダーは、毎回同じものが出力されます
ので、音声ペンにコピーしなくても大丈夫です。この Message フォルダーには、「選択し
たドットコードには、音声データがリンクされていません」などのメッセージの音声が収め
られています。

（4）コンテンツのコピーが終わったら、通常の USB デバイスの切り離しと同じ手順で音声ペン
の MicroSD Card を取り外してください。

3-12　音声の再生

（1）音声ペンの電源を入れます（音声ペンの最下部に緑色のランプがつきます）。

（2）コンテンツをコピーした直後に、電源を投入したときだけ、音声ペンが稼働するまで時間が
かかります。数秒待つと、ピッと音がします。

（3）シールに触れて、音声が再生されることを確認してください。音声がリンクされていない
シールをタッチすると、「選択したドットコードには音声データがリンクされていません」
というメッセージが再生されます。

（4）音声ペン前面のオレンジの音声再生ボタンを押すと、今再生された音声がもう 1 度リピート
再生されます。

3-13　音声をリンクしたシールを、音声を再生する具体物に貼付してお使いください。

今回の例では、1 つのシールに 2 つの音声がリンクされています。これら 2 つの音声を切り替
えるには、Magical Sheet の Mode1 と Mode2 の切り替えシールを使います。

ヒント1 コンテンツの作成（プロジェクトと呼んでいます）の作業を保存するには、画面下の file メニューをクリックし、Save または Package を選び、保存先のフォルダーを指定してください（作業を継続する可能性があるときは、Package メニューを選んでください）。

Package で保存すると、プロジェクトファイル（デフォルトは newProject.csv）と Sound というフォルダーが指定したフォルダーに作成されます。

Package で保存したファイルを用いて作業を再開するときには、file の open を選び、保存したプロジェクトファイルを探し当てて開き、続いて Sound フォルダーを開きます。こうすることで、前回の作業を続けることができます。

ヒント2 Sound Linker では、「C29 〜 C26 欄（0010 or 0000）」を切り替えることで、生田の Magical Sheet とグリッドマークのシートを併用したコンテンツを作ることができます。生田の Magical Sheet には 0000 を、グリッドマークの 3 色のシートには 0010 を用います。また、画面右上の Dotcode は、グリッドマークのピンクのシートには 1 から 100、ブルーのシートには 101 から 200、グリーンのシートには 201 から 300 を用います。

4. 新版 Sound Linker を利用する方法（WindowsOS 用のソフトです）

グリッドマークが発売を開始した 1,000 番までのシール dot sticker に対応するように、Sound Linker が全面的に改訂されました。ここでは、この新版について、従来の Sound Linker と比較しながら解説したいと思います。

新版の Sound Linker を起動したときの初期画面を、図 21 に示します。

図 21　新版 Sound Linker の初期画面

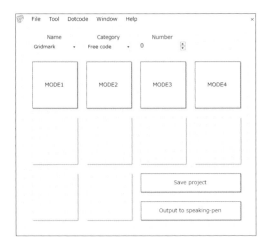

図 22　Name 欄から dsp を選択

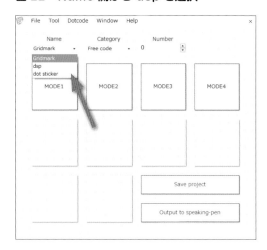

この初期画面の Name 欄から、図 22 のように dsp を選択すると、グリッドマークのピンク、ブルー、グリーン 3 色のシート（それぞれ 1 から 100 までのシールからなる dsp シート）の 4 つのモード（Mode1 〜 Mode4）への音声ファイルのリンクの画面となります（図 23）。

図 23 は、ピンクのシートの 1 番目のシールへの音声ファイルのリンク画面となります。

ピンクの番号 1 のシールに、これまでと同様に、最大 4 個の音声ファイルのリンクが可能となっています。1 個目を MODE1 欄へ、2 個目を MODE2 欄へ、3 個目を MODE3 欄へ、4 個目を MODE4 欄へ、音声ファイルをドラッグ & ドロップしてください。

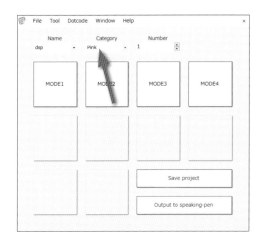

図 23　グリッドマークの３色の dsp シートへのリンクの画面

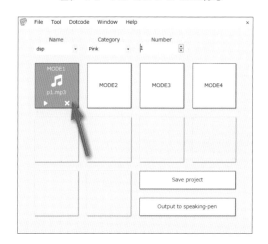

図 24　MODE1 欄に音声ファイルをリンクした様子

図 24 に、１個目の音声を MODE1 欄へドラッグ & ドロップしたときの画面を示します。音声ファイルがリンクされている様子を見ることができます。三角ボタンをクリックするとリンクした音声を再生することができます。また、×マークを選ぶことで音声ファイルのリンクを解除することができます。１つのシールに１個の音声のリンクの場合は、MODE1 欄のみへのドラッグ & ドロップとなります。

シール１番へのリンクが済んだら、画面右上の Number を増やしながら、次々と、音声ファイルをドラッグ & ドロップします。ピンクのシートでは、Number100 までのシールに、ドラッグ & ドロップができます。

ピンクのシートの 100 番までのリンクが終了したら、Category を Blue に替え、ブルーのシートの１から 100 番までのシールに音声をリンクします。さらに、Category を Green にすることで、グリーンのシートの１から 100 番までのシールに音声をリンクすることができます。

すべての音声ファイルのリンクが済んだら、図 24 の画面右下の Output to speaking-pen ボタンをクリックします。画面は、図 25 のようになります。

旧版と同様に、Output Path の右端の四角をクリックし、作成されるコンテンツフォルダーの保存先のフォルダー（ディレクトリ）を指定します。「選択したドットコードには音声データがリンクされていません」などの音声ペンからの音声を、英語で発音して欲しいときには、Language of message files を「日本語」から「英語」に切り替えてください。

図 25 の画面中央の Start the output ボタンをクリックすると、指定したフォルダー（ディレクトリ）にコンテンツフォルダー Output が作られます。コンテンツの作成が成功すると、Contents output has finished と表示されます。

コンテンツの作成（プロジェクトと呼んでいる）の作業結果を保存し、再利用できるようにするには、図 24 の画面右下の Save project をクリックし、プロジェクト名を入力し、保存先のディレクトリを指定します（図 26）。この操作を行うことで、プロジェクトファイル（リンクリストファイル）と Sound フォルダーが保存され、作業を再開する際に利用することができるよ

図25　Output to speaking-pen を
　　　クリックしたときに現れる画面

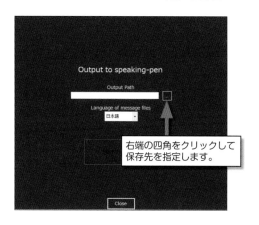

図26　プロジェクト名の入力と保存先を指定

うになります。

　Name 欄から dot sticker を選ぶことで、グ
リッドマークが新しく発売を開始した 1,000 番ま
でのシートに対応したコンテンツを作ることがで
きるようになります（図 27）。Category の 01
でシール番号 1 から 100 番に、Category の 02
でシール番号 101 から 200 番に、Category の
03 でシール番号 201 から 300 に対応しています。
Category10 でシール番号 901 から 1,000 に対応
します。

　メインメニューの Dotcode から Expert Settings
を選択すると（図 28）、生田がグリッドマークに依
頼して作った Mgical Sheet に対応するようになり

図27　Name から dot sticker を選択
　　　（10MODE）

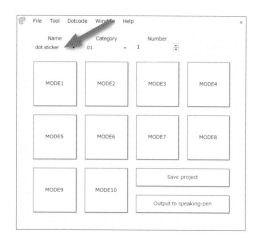

図28　Mgical Sheet に対応できるよう
　　　に Expert Settings を選択

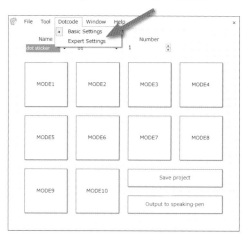

図29　Mgical Sheet への
　　　音声ファイルのリンク

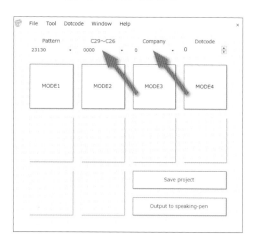

ます。図 29 の右上の Dotcode が 0 から始まっていますが、1 番からお使いください。

　音声ペンのコンテンツである Output フォルダーには、GMVRC と Message の 2 つのフォルダーが収められています。GMVRC が音声ペンにコピーするコンテンツです。

　以下の操作にしたがって、生成された Output の中の GMVRC フォルダーを音声ペンの MicroSD Card にコピーしてください。

（1）USB-Micro(B) ケーブルの USB コネクタを WindowsPC の USB に接続します。

（2）**電源を入れないで、音声ペン G-Speak を、（デスクトップに MicroSD Card のボリュームが表示されるまで）前面のマイナスボタンを押しながら、音声ペンを Micro(B) コネクタに接続します。**

（3）WindowsPC のデスクトップに MicroSD Card のボリュームが表示されます。MicroSD Card のボリュームを開くと GMVRC と Message の 2 つのフォルダーが見えます。この MicroSD Card の GMVRC フォルダーを、先ほど作成したコンテンツである Output フォルダーの中の GMVRC フォルダーで置き換えてください。Message フォルダーは消去しないで、そのままにしておいてください。Message フォルダーには、「選択したドットコードには音声データがリンクされていません」などのメッセージの音声が収められています。

（4）コンテンツのコピーが終わったら、通常の USB デバイスの切り離しと同じ手順で音声ペンの MicroSD Card を取り外してください。

　音声の再生は、次のようにして行います。

（1）音声ペンの電源を入れます（音声ペンの最下部に緑色のランプがつきます）。

（2）コンテンツをコピーした直後に電源を投入したときだけ、音声ペンが稼働するまでに時間がかかります。数秒待つと、ピッと音がします。

（3）シールに触れて、音声が再生されることを確認してください。音声がリンクされていないシールをタッチすると、「選択したドットコードには音声データがリンクされていません」という音声が再生されます。

（4）音声ペン前面のオレンジの音声再生ボタンを押すと、今再生された音声がもう 1 度リピート再生されます。

　音声をリンクしたシールを、音声を発声させたい具体物に貼付してお使いください。

3 動画をシールにリンクし、再生する方法

1. File Linker を用いて、動画を再生する
スタンドアロン・アプリケーションを作成する方法

WindowsPC で、動画を再生するには、音声ペン G-Speak を使うことができます。

（1）ドットコードシールにリンクする動画を撮影し、WindowsPC に保存しておきます。

（2）File Linker を WindowsPC にインストールしておきます。

（3）インストールした File Linker をダブルクリックして立ち上げます。

（4）初期画面の左上の "New" を押すと図 30 のような画面となります。プロジェクト名を入力し、そのプロジェクトを保存するディレクトリを選び、OK ボタンを押します。

図 30　プロジェクト名と保存先を指定

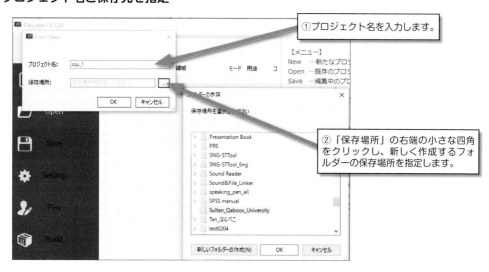

①プロジェクト名を入力します。

②「保存場所」の右端の小さな四角をクリックし、新しく作成するフォルダーの保存場所を指定します。

（5）G-Speak の前面の「+」ボタンを押しながら、USB-Micro(B) ケーブルを用いて PC に接続します。接続が完了すると G-Speak の下部の LED が赤く灯ります（赤く点灯したら、押している指を離してください）。

（6）File Linker は、次の図 31 のような画面となります。まず、自分の PC に保存しておいた（これから作成するアプリで用いる）すべての動画を画面下部の "コンテンツフォルダー" にドラッグ＆ドロップします。

図 31　動画を「コンテンツフォルダ」にドラッグ＆ドロップ

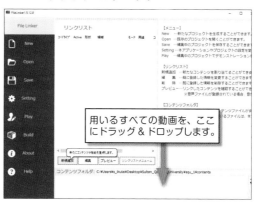

用いるすべての動画を、ここにドラッグ＆ドロップします。

動画をドラッグ＆ドロップすると、図
32 のようになります。

（7）次の図 33 のように、画面中央下部の"新
規追加"をクリックします。

　　続いて、PC に接続された音声ペン
G-Speak で Magical Sheet のシールの
1 番にタッチします。すると、図 34 の
ように、「新規追加」画面の Active 欄に
1 と表示されます（別の数値が表示され
たときは、再度、シールの 1 番にタッチ
してください）。

図 32　コンテンツフォルダに動画が表示される

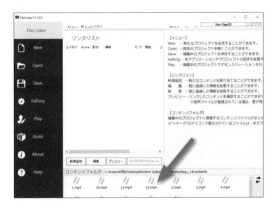

図 33　新規追加ボタンをクリック

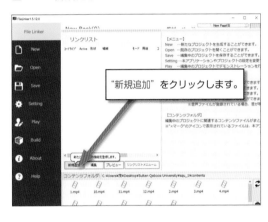

図 34　Active 欄に 1 が追加される

（8）次に、シール 1 番にリンクする動画を、コンテンツフォルダーから選び、新規追加画面の
"コンテンツ"欄にドラッグ＆ドロップします（図 35）。

　　そして、図 36 のように、"登録"ボタンをクリックします。

**図 35　新規追加画面のコンテンツ欄に
　　　　　リンクする動画をドラッグ＆ドロップ**

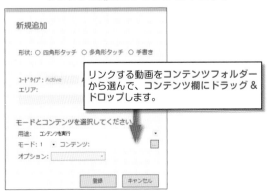

図 36　登録ボタンをクリック

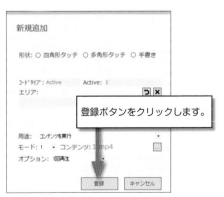

登録がうまくいくと、次の図 37 のように、リンクリスト欄に追加されます。

動画がうまくリンクされたかは、図 33 の画面中央の"プレビュー"ボタンを押すことで確認することができます。

（9）続いて、"新規追加"ボタンを押して、シールの 2 番にタッチし、上記の操作を繰り返し、シール 2 番に動画をリンクします（図 38）。この操作を、リンクする動画の数だけ繰り返します。

図 37　「リンクリスト」欄への追加

図 38　シール 1 と 2 に動画をリンク（リンクリストに反映）

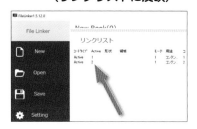

例えば、12 個の動画をシールの 1 番から 12 番にリンクしたとすると、次の図 39 のような画面になります。

（10）ここで、メニュー画面左の"Save"をクリックして、現在までの作業を保存してください。保存が終わったら OK ボタンを押してください（図 40）。

（11）続いて、画面左のメニュー一覧の"Build"ボタンをクリックし、スタンドアロン・アプリケーションを作成します。ここで、次のようなメッセージが出たら"OK"を押して「プロジェクトの変更」を保存してください（図 41）。

図 39　12 個の動画をリンク（リンクリストに反映）

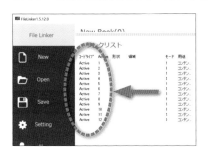

図 40　Save をクリックし、保存が終了したら OK ボタンを押す

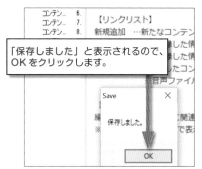

図 41　「プロジェクトは変更されています」と出たら OK を押して保存

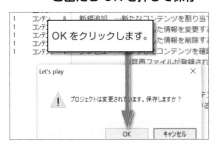

次の図 42 の " ビルド " のウインドウで、作成されるスタンドアロン・アプリケーションの名前と保存先を確認し、"OK" ボタンを押します。

次の図 43 のように「ビルドが正常に完了しました。」と表示されれば、動画を再生するアプリケーションの作成は成功です。

図 42　プロジェクト名と保存先を確認

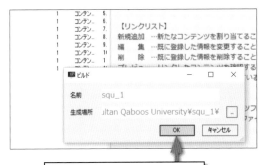

プロジェクト名とその保存先を確認して、OK を押します。

図 43　ビルドが正常に終了しました、と出れば成功。OK を押します

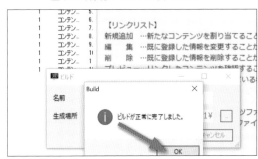

図 43 で "OK" を押すと、作成されたアプリケーションが保存されたフォルダーがポップアップされて表示されます（図 44）。この表示されたフォルダーに、アプリケーションが収められています（ここでは、squ_1.exe が作成されたアプリケーションです）。

(12) 作成されたアプリケーションをダブルクリックすると、次の図 45 のような画面となります。接続している音声ペン G-Speak で動画をリンクしたシールにタッチし、動画が再生されることを確認してください（図 46）。

図 44　作成されたアプリケーション squ_1.exe

図 45　作成したアプリケーションを起動したときの初期画面

図 46　シールを G-Speak でタッチするとリンクした動画が再生

アプリを終了するには、右上のクローズ（×）ボタンをクリックしてください。

最後に、File Linker も終了してください（再編集するときは、File Linker を起動して、ファイルの"開く"を選び、編集するファイルを選択してください）。

(13) 動画をリンクしたシールを、動画を再生させたい具体物に貼付してお使いください。

作成したフォルダー名などは変えないでください。変えてしまうと動かなくなってしまいます。別の PC で使用するときは、作成したプロジェクトの先頭のフォルダーからコピーして、使ってください。

　再度、動画を再生するには、音声ペン G-Speak の「＋」ボタンを押しながら PC に接続し、アプリケーションを立ち上げて、シールにタッチしてください。

　ヒント1　「新規追加」メニューのところで、図 36 のモードの数値を変えることで、音声ファイルのリンク同様、1 つのシールに最大 4 個の動画をリンクすることができます。それぞれの動画を再生するには、Mode の切り替えを行ったうえで G-Speak でシールにタッチします。

　ヒント2　本操作で作成したアプリケーションを用いて、WindowsPC のスクリーン上に動画を再生するには、G-Speak に代わって、G1-Scanner や G-Pen BT を用いることもできます。G1-Scanner や G-Pen BT については、生田に問い合わせてください。

　ヒント3　G-Speak を使うときは、長めの USB-Micro(B) ケーブルを用意してください。

2. GCV を用いて、動画を再生する iOS 用のコンテンツを作る

　グリッドマークの作成した GCV アプリを用いてコンテンツを作成し、動画などの再生には Bluetooth 機能を有するドットコードリーダー G-Pen Blue を使います。

1. GCV の起動

　グリッドマークから送付された GCV を iPad や iPhone にインストールし、タップして起動します（図 47）。
　初期画面は、図 48 のようになります。

図 47　GCV アイコンをタップ

図 48　GCV の起動画面

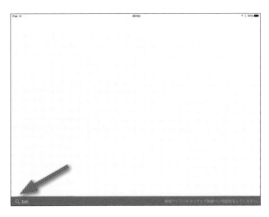

2. G-Pen Blue の登録

　G-Pen Blue を使い始める前に、次のようにして登録を行います（それぞれの iPad に 1 個ずつ異なる G-Pen Blue を登録します）。

　図 48 の起動画面の左下の Q マークをタップすると、図 49 のような画面となります。
　登録する G-Pen Blue の電源を On にし、画面中央の「無線ペンを探す」をタップします。

図 49　無線ペン G-Pen Blue を探す

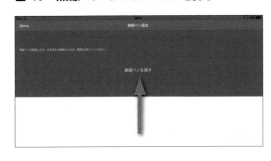

図 50　G-Pen Blue の ID が表示される

G-Pen Blue が認識され、図 50 のように、G-Pen Blue の ID が表示されます。

　表示された ID をタップすると、図 51 の画面になります。ここで、「ペン ID を入力する」を
タップすると、図 52 のような画面となります。

図 51　表示された ID をタッチ

図 52　ペン ID の入力

　「ペン ID の入力」の欄に、英数字を用いて、例えば、ikuta_01 のように入力します。

　入力後、OK を押すと、図 53 のようにペン ID が登録されます。

　登録されたら、画面の左上の「Done」（図 53）をタップすると、図 54 のような画面となり
ます。

図 53　ID 登録後に画面左上の Done をタップ

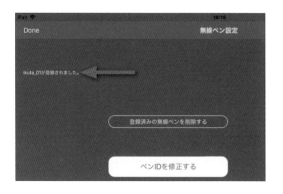

図 54　画面左下の Edit をタップ

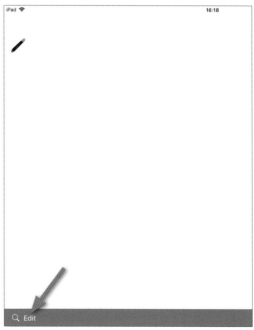

3. コンテンツの作成

図 54 の画面左下の「Edit」をタップすると、図 55 のような画面となります。

図 55 は、すでに登録されているコンテンツに加えて、新しいコンテンツ（プロジェクト）を追加するときの図になっていますが、最初にコンテンツを作る場合も、基本的には同じ操作です。

図 55 の画面左下の、「Project Setting」をタップします（最初に使うときは、first_pro だけが登録されています。このプロジェクト名でよければ、first_pro をタップし、「プロジェクト読み出し」の画面で OK、さらに、画面左上の「Done」をタップします）。

ここでは、新しい名前のプロジェクトを作成する手順を示します。画面左下の「+」のマークをタップすると、図 56 のような画面となります。

新しいプロジェクト名（ここでは School_1 となっています）を入力し、OK をタップすると図 57 となります。

作成した新しいプロジェクト名をタップし、図 58 の「プロジェクト読み出し」の画面で OK をタップし、画面右上の「Done」をタップし、コンテンツの制作を開始します。

図 55　Project Setting をタップ

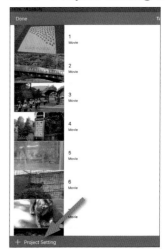

図 56　新しいプロジェクトを作成

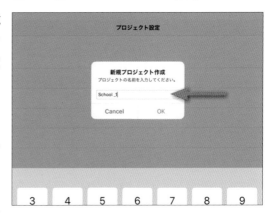

図 58　プロジェクトの読み出し

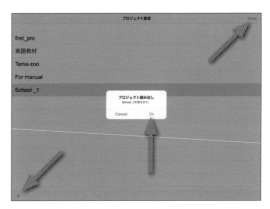

図 57　新しいプロジェクト School_1 が作成される

図 59 のように、画面左下の「+」をタップすると、シールのアイコンにリンクするメディアを選択するポップアップ画面が現れます（現在のバージョンでは、ドットコードにリンクできるメディアは、画像、動画、Web ページ、そして音楽となっています）。

「コンテンツリストへの追加」メニューの「ライブラリから画像を追加」をタップし、リンクする画像を選択します（図 60）（ここではカメラロールから画像を選択する様子を示しています）。
　画面右上の「Selection(1)」をタップすると、図 61 のような画面となります。

図 59　リンクするマルチメディアを選択

図 60　ライブラリから画像を追加

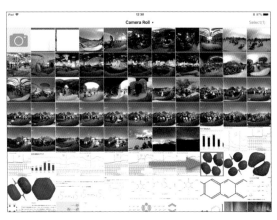

　表示されたリスト（Please Set DotCode と記されている）を選択し、G-Pen Blue の電源を入れ、右上の「Connect」をタッチし、G-Pen Blue が接続されたことを確認（図 62）して、ドットコードシールの 1 番を G-Pen Blue でタッチします。この操作で、図 63 のように、リストの画像の横に 1 が表示されます。
　引き続いて、画面左下の「+」をタップし、図 64 のポップアップメニューの中の「ライブラ

図 61　選択した画像がリストに追加される

図 62　G-Pen Blue の接続の確認

図 63　G-Pen Blue でドットコードシールの　　図 64　画面左下の＋をクリックし動画を追加
**　　　　　1 番にタッチしてリンク**

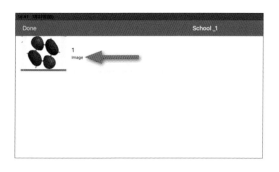

　リから動画を追加」を選び、リンクするビデオを指定します。ここでは、カメラロール（図 65）
の写真の中から動画を選択しています。動画を選択すると、図 66 のような画面となります。
　この画面で右上の「使用」をタップすると、図 67 のようにリストに追加されます。

図 65　リンクする動画を探し、タップする　　図 66　リンクする動画が表示される

　G-Pen Blue が接続されていることを確認して（接続が外れていたら、右上の「connect」
をタップします。それでもうまく接続されないときは、「disconnect」を 1 度押して、さらに
「connect」を押してみてください）、G-Pen Blue で、シートのアイコンの 2 番にタッチすると、
図 68 のような画面となります。

図 67　選択した動画がリストに追加される	図 68　G-Pen Blue でドットコードシールの 2 番にタッチして、リンク
	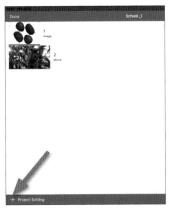

　続いて画面左下の「＋」をタップし、ポップアップメニューの「WEB から URL を追加」を選ぶ（図 69）と図 70 のような画面となります。

図 69　「WEB から URL を追加」を選択	図 70　入力欄が表示される
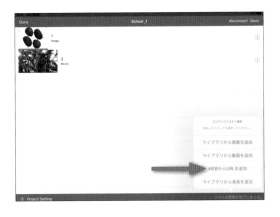	

　「WEBURL 入力」の画面の入力欄に、例えば、https://www.apple.com/jp/ と入力し（図 71）、OK をクリックすると、図 72 となります。

図 71　URL の入力	図 72　入力した URL がリストに追加される

今、追加されたリストを選び（図 73）、G-Pen Blue の接続を確認したうえで、シートの 3 番にタッチすると、図 74 となります。

図 73　追加されたリストをタップして選択

図 74　G-Pen Blue でドットコードシールの 3 番にタッチして、リンク

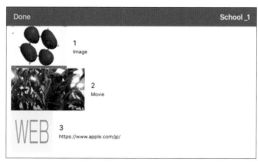

さらに、画面左下の「＋」タップし、ポップアップ画面の「ライブラリから音楽を追加」を選択し（図 75）、リンクする音楽を探し、指定すると図 76 となります。

図 75　ライブラリから音楽を選択

図 76　選んだ音楽がリストに追加される

追加されたリストを選び、G-pen Blue の接続を確認し、シートの 4 番にタッチすると図 77 のようになります。

メディアのリンクが終了したら、画面右上の「Save」をタップします。すると、次のような「コンテンツ保存」という画面が表示されますので OK を押します（図 78）。

図77　G-Pen Blue でドットコードシールの
　　　4番にタッチして、リンク

図78　画面左上の Save をタップし OK を押す

4.　コンテンツの再生

　画面左上の「Done」をタップし、G-Pen Blue が接続されている（G-Pen Blue ペンのアイコンが表示されている）ことを確認の上、シートの1番にタッチすると、1番目のシールにリンクした画像が再生されます（図79）。

　G-Pen Blue が接続されていることを確認の上、シートの2番にタッチすると、2番目のシールにリンクした動画が再生されます（図80）。

図79　G-Pen Blue でドットコードシールの
　　　1番にタッチして画像を再生

図80　G-Pen Blue でドットコードシールの
　　　2番にタッチして動画を再生

G-Pen Blue が接続されていることを確認の上、シートの３番にタッチすると、３番目のシールにリンクした WEB ページが再生されます（図81）。

G-Pen Blue が接続されていることを確認の上、シートの４番にタッチすると、４番目のシールにリンクした音楽が再生されます（このとき、画面は、１つ前の操作のときの画面のまま音楽が再生されます）。

図81　G-Pen Blue でドットコードシールの３番にタッチして WEB を表示

> **ヒント**　すべてのコンテンツをコンテンツリストに追加してから、連続して，シールにリンクする方が効率的です。試してみてください。

GCV は、開発中のソフトウェアであり、現在のところ、さまざまな制限があります。詳細については、生田やグリッドマークにお問い合わせください。

---

４ Mac で音声ペン用のコンテンツを作る方法（Magical Sheet 用）

ここでは、お使いのマックの MacintoshHD の Application のユーティリティフォルダーに入っている「ターミナル」を利用して、音声ペン用のコンテンツを作る方法について解説します（「ターミナル」をマックのドック（Dock）に入れておくと便利です）。

「ターミナル」では、unix コマンドを入力して、著者の作成したプログラム（NANA）を実行して、音声ペン用のコンテンツを作ります（unix と聞くと難しそうに思われますが、やってみると意外と簡単なことがすぐにわかりますので、unix が初めての方も挑戦してみてください）。

1. デスクトップに、通常のマックの操作で（半角の英語名の）フォルダーを作りましょう。ここでは、speaking という名前のフォルダーにしました（フォルダー名には、スペースは入れないようにしましょう！）。
2. この speaking フォルダーに、こちらからお送りした NANA という実行形式のプログラムファイル、filelist.csv ファイル、そして、音声ファイルを入れましょう。
3. 試すことができるように音声ファイルを入れてありますが、実際に自分のコンテンツを作るときは、このフォルダーに、自分で作成した（ノイズを除去し、音量を調整した）音声ファイルを入れます。iPhone などで録音すると、ノイズの少ない音声ファイルが得られます。音声ファイルの形式は、MP3 にしましょう。音声ファイルのファイル名は、それぞれリンクするドットコードシールの番号に対応させておくとわかりやすいです（1.mp3, 2.mp3, 3.mp3, 4.mp3 のように）。

4. filelist.csv ファイルは、Magical Sheet のドットコードシール番号とそれぞれのシールにリンクする音声ファイルの関係を記述したものです。このファイルは、「テキストエディット」などで編集する「データをカンマで区切っただけのファイル」です。こちらからお送りした filelist.csv ファイルを「テキストエディット」で開いてみましょう（「テキストエディット」も、Application フォルダーに入っています）！　自分のコンテンツを作るときには、作成するコンテンツに合わせて、この filelist.csv ファイルを編集して使います。

5. こちらからお送りした filelist.csv ファイルには、次のようなデータが入っています。

1,1,1.mp3,	1,8,8.mp3,	3,2,2b.mp3,
1,2,2.mp3,	1,9,9.mp3,	3,3,3b.mp3,
1,3,3.mp3,	1,10,10.mp3,	4,1,1c.mp3,
1,4,4.mp3,	2,1,1a.mp3,	4,2,2c.mp3,
1,5,5.mp3,	2,2,2a.mp3,	4,3,3c.mp3,
1,6,6.mp3,	2,3,3a.mp3,	
1,7,7.mp3,	3,1,1b.mp3,	

　行ごとに３つのデータをカンマで区切ったものとなっています（各行の最後にもカンマを入れるのを忘れないでください）。

　各行の最初の数値は、モード番号に対応しています。

　各行の２番目の数値は、音声をリンクするドットコードシールの番号です（モード１に 10 個の音声、モード２からモード４には、それぞれ３個の音声を、シール番号１番目から順にリンクすることを示しています）。

　各行の最後のデータは、それぞれのドットコードシールにリンクする音声のファイル名です（音声ファイルの名前は、半角の英数字で入力し、できるだけ単純なファイル名にしましょう！ファイル名には、スペースを入れないでください）。

6. speaking フォルダーには、NANA, filelist.csv と、19 個の音声ファイルの合計 21 個のファイルが入っています。

7. 「ターミナル」では、英語で各種の命令（コマンドと言います）を入力して、作業を行います。

8. 「ターミナル」を起動すると新しいウインドウが開きます。「cd▮desktop」と入力し、リターンキーを入力します（unix では、コマンドを入力したら、必ず、リターンキーを入力します）。さらに、「cd▮speaking」と入力します。この操作で、デスクトップに作成した speaking フォルダーで作業を行うことができるようになります。これらの操作が上手くいったかどうかは、「pwd」と入力してみてください。画面には、「/Users/users/desktop/speaking」のような文字列が表示されます。

*▮…半角スペース

9. 「chmod▮+x▮NANA」と入力し、こちらからお送りした NANA プログラムに実行権を付与します。「ls▮-l」（数字の１ではなく、両方ともエルです）と入力して、ファイル一覧を表示して、他のファイルとの違いを確認してください。違いがわかりましたか？

10. それでは、こちらからお送りした filelist.csv ファイルと音声ファイルを利用して、まずは試しに、音声ペン用のコンテンツを作ってみましょう。コンテンツを作るには、「./NANA」

（ドットとスラッシュです）と入力し、リターンキーを入力します。

11. 音声ペンの MicroSD Card にコピーする GMVRC フォルダーが作成されます。通常のマックの操作で speaking フォルダーをクリックして確認してください。または、ターミナルで「ls ▪-l」コマンドを入力して GMVRC フォルダーが追加されていることを確認しましょう！（音声ペンに内蔵されている MicroSD Card へのコピーの方法については、別途説明してありますので、参考にしてください）

12. GMVRC フォルダーには、4 つのモードに対応する 4 つのフォルダー（D231300000000,D231300000000_2, D231300000000_3, D231300000000_4）が作成されています。通常のマックの操作で speaking の GMVRC フォルダーを開いて確認してください。または、ターミナルで「ls ▪-l▪GMVRC」と入力すると確認ができます。

13. GMVRC が生成されたら「exit」と入力して「ターミナル」を終了し、コマンドキーと Q を同時に押してウインドウを閉じてください。次のステップでは、filelist.csv を編集し、自分の音声ファイルを使ってコンテンツを作ってみてください（著者は、コンテンツごとに違うフォルダーを作成して作業を行っています。新しく作ったフォルダーにも NANA と filelist.csv をコピーしてお使いください）。

> **注意 1**　Terminal で ./NANA の実行の際に画面に表示される出力結果を、次のようにしてファイルとして保存し、テキストエディットなどで読むことができます。　./NANA ▪>▪output.txt
>
> **注意 2**　GMVRC が生成されても、D で始まるフォルダーに作成された DS で始まる音声ファイルの容量が 0 バイトであるファイルが存在するときは、filelist.csv に誤りがあるか、filelist.csv で指定した音声ファイル名が間違っていたり、フォルダー内に存在していない、などのために、GMVRC が正しく作成されていません。そのときは、filelist.csv をチェックして修正したり、音声ファイルのファイル名などを確認したうえで、1 度生成された GMVRC フォルダーを「rm ▪-R▪GMVRC」と入力して削除した後に、再度「./NANA」を入力してコンテンツを作成してください。

作成した GMVRC フォルダーを音声ペンの MicroSD Card にコピーする方法

1. USB-Micro(B) ケーブルを用意してください。アンドロイド携帯の充電ケーブルと同じものです。

2. USB コネクタをマックに接続します。

3. 音声ペンの「一」ボタンを押しながら、音声ペンを Micro(B) のコネクタに接続します（音声ペンの電源を入れないでください）。音声ペンの接続が完了するとマックのデスクトップに、音声ペンの MicroSD Card のボリュームが表示されます。

4. ボリュームをダブルクリックすると、GMVRC と Message という 2 つのフォルダーが表示されます。Message は、そのままにしてください。音声ペンが各種のメッセージを発するのに必要です。

5. GMVRC フォルダーを、今回作成した GMVRC フォルダーで置き換えてください。

6. コピーが完了したら、通常の USB のときの同じ操作を行って、音声ペンを取り外してください。

音声の再生

1. 音声ペンの電源を入れて、リンクしたシールの番号をタッチしてください（最初に電源を入れたときだけ、数秒待ってから操作してください。音声ペンの準備ができるとピッと音で知らせてくれます）。

2. 試作したコンテンツでは、ドットコードの3番までのシールそれぞれに4個の音声がリンクされています。それらを切り替える（モードを切り替える）には、Magical Sheet の下部に配置してある Mode 変換シールをタッチしてから、音声がリンクしてあるシールにタッチしてください。Magical Sheet のそれぞれのシールには、最大で4個の音声をリンクすることができます。例えば、「1冊の本を4か国語で読み聞かせを行うコンテンツ」「それぞれのモードに異なる本の音読の音声をリンクしたコンテンツ」「児童ごとに異なったモードにコンテンツを入れておく」などに利用すると便利です。

5 Mac で音声ペン用のコンテンツを作る方法
（グリッドマークの新しいシート dot sticker 用）

　ここでは、お使いのマックの Macintosh HD の Application のユーティリティフォルダーに入っている「ターミナル」を利用して、グリッドマークの新しい dot sticker 用のコンテンツを作る方法について解説します。

　具体的な操作手順は、4 の Magical Sheet 用とほぼ同じですので、異なる箇所だけを記します。dot sticker 用の NANA プログラムは、Magical Sheet 用とは異なりますので、dot sticker 用の NANA プログラムを使用して下さい。

　こちらから送った filelist.csv ファイルには、次のようなデータが入っています。

1,136511789,1.mp3,	2,136511794,6a.mp3,	3,136511799,11b.mp3,
1,136511790,2.mp3,	2,136511795,7a.mp3,	3,136511800,12b.mp3,
1,136511791,3.mp3,	2,136511796,8a.mp3,	3,136511801,13b.mp3,
1,136511792,4.mp3,	2,136511797,9a.mp3,	3,136511802,14b.mp3,
1,136511793,5.mp3,	2,136511798,10a.mp3,	3,136511803,15b.mp3,
1,136511794,6.mp3,	2,136511799,11a.mp3,	4,136511789,1c.mp3,
1,136511795,7.mp3,	2,136511800,12a.mp3,	4,136511790,2c.mp3,
1,136511796,8.mp3,	2,136511801,13a.mp3,	4,136511791,3c.mp3,
1,136511797,9.mp3,	2,136511802,14a.mp3,	4,136511792,4c.mp3,
1,136511798,10.mp3,	2,136511803,15a.mp3	4,136511793,5c.mp3,
1,136511799,11.mp3,	3,136511789,1b.mp3,	4,136511794,6c.mp3,
1,136511800,12.mp3,	3,136511790,2b.mp3,	4,136511795,7c.mp3,
1,136511801,13.mp3,	3,136511791,3b.mp3,	4,136511796,8c.mp3,
1,136511802,14.mp3,	3,136511792,4b.mp3,	4,136511797,9c.mp3,
1,136511803,15.mp3,	3,136511793,5b.mp3,	4,136511798,10c.mp3,
2,136511789,1a.mp3,	3,136511794,6b.mp3,	4,136511799,11c.mp3,
2,136511790,2a.mp3,	3,136511795,7b.mp3,	4,136511800,12c.mp3,
2,136511791,3a.mp3,	3,136511796,8b.mp3,	4,136511801,13c.mp3,
2,136511792,4a.mp3,	3,136511797,9b.mp3,	4,136511802,14c.mp3,
2,136511793,5a.mp3,	3,136511798,10b.mp3,	4,136511803,15c.mp3,

　行ごとに 3 つのデータをカンマで区切ったものとなっています（各行の最後にもカンマを入れるのを忘れないで下さい）。

　各行の最初の数値は、モード番号に対応しています。グリッドマークの新しい dot sticker では 10Mode まで扱うことができます。1000 番までのシールを、全て 10 モードまで使うとすると、合計で 10,000 個の音声を扱うことができます。

ここでは、モード１からモード４（だけ）に、それぞれ 15 個の音声をリンクしています。各行の２番目の数値は、音声をリンクするドットコードシールの内部コード番号です。グリッドマークの dot sticker では、シールの１番が、136511789 に対応しているので注意が必要です。

　各行の最後のデータは、それぞれのドットコードシールにリンクする音声のファイル名です。音声ファイルの名前は、半角の英数字で入力し、できるだけ単純なファイル名にしましょう！ファイル名には、スペースを入れないで下さい。

　このサンプルは、Eric Carle の「はらぺこあおむし」の４か国語による音読コンテンツです。

　「ターミナル」で ./NANA（ドットとスラッシュです）と入力し、リターンキーを押すと GMVRC フォルダーが作成されます。作成された GMVRC フォルダーには、４つのモードに対応する４つのフォルダー（D231301066498, D231301066498_2, D231301066498_3, D231301066498_4）が作成されます。

unix コマンド

コマンド	説明
cd	作業するフォルダーを変えるコマンドです。(change directory)
pwd	現在作業しているフォルダー名を表示するコマンドです (point working directory)。
ls	フォルダーに入っているファイル名を簡略に表示するコマンドです (list)。
ls -l	フォルダーに入っているファイル名を属性を含めて詳細に表示するコマンドです (list)。
chmod +x NANA	こちらからお送りする実行形式のプログラムに実行権を与えるコマンドです。一回、このコマンドを入力すれば十分です (change mode)。
./NANA	実行権を付与した実行形式の NANA プログラムを実行し、音声ペンにコピーする GMVRC フォルダーを作成するコマンドです（あらかじめ、filelist.csv ファイルとリンクする音声ファイルを同じディレクトリ（フォルダー）に入れておきます）。
ls -l GMVRC	作成された GMVRC フォルダーの中に存在するディレクトリ（フォルダー）を表示するコマンドです (list)。
ls -l GMVRC/D23*	GMVRC フォルダーの中に作成されている D23 で始まるフォルダーに存在するファイル名を表示するコマンドです (list)。
rm -R GMVRC	filelist.csv の入力間違いや音声ファイル名の誤りで間違ったコンテンツ GMVRC が作成されたときに、一旦削除するコマンドです。このコマンドを入力して GMVRC を削除し、再度、./NANA コマンドを入力して GMVRC を作成します (remove)。
exit	「ターミナル」を終了するコマンドです。このコマンドの後で、コマンドキーと Q を同時に押してウインドウを閉じて下さい。

　unix のコマンドやその機能の説明については、web 上にたくさん掲載されていますので、参考にして下さい。

Q1　グリッドマークのドットコードとは、どのようなものですか？

A1　グリッドマークの開発したドットコードは、Grid Onput と呼ばれています。この Grid Onput は、極小の点（ドット）から構成される新しい二次元コードの技術です。印刷されたドットコードを専用のスキャナーで読み取ることで、デジタルコンテンツへ直接アクセスすることができます。Grid Onput のドットコードは 48bit 分の情報量を持ち、カーボンインクで印刷された黒い点だけをドットコードとして読み取り、ID を判別します。約 2mm 角の範囲を 1 つのドットコードとして識別し、ID だけではなく音声ペンを傾けた角度まで読み取ることが可能です。

・・

Q2　ドットコードを被せてあるシールには、どのようなものがありますか？

A2　あらかじめドットコードを被せたステッカーシールを、グリッドマークが販売しています。ピンク、ブルー、グリーンの 3 色の、それぞれ 1-100 までの番号がついたシールからなる dsp ドットシールというシートです（現在は販売終了）。また、最近、1-1,000 の番号がついたシールからなる新しいシートの発売を始めました。グリッドマークから発売されているこれら 2 種類のシートの他に、生田がグリッドマークに依頼して作った大きさの違う 2 種類のシート Magical Sheet（1-117 の番号がついた 1.2cm × 1.2cm のシート、1-130 の番号のついた 2.0cm × 2.0cm のシート）があります。Magical Sheet には、さまざまな制御機能もついていて便利です。

・・

Q3　それぞれのドットコードシールは、どこで購入できますか？

A3　dot sticker は、グリッドマークの WEB サイトから購入することができます。Magical Sheet は、学校の教師には無料で提供しています。生田まで直接メールで連絡してください。

・・

Q4　ドットコードシールに音声をリンクするには、どうすればいいですか？

A4　ドットコードシールに音声をリンクするには、3 種類の方法があります。(1) 音声ペンの内蔵マイクロフォンを使って録音し、リンクする方法、(2) リンクテーブルファイル (filelist.csv) と NANA.exe プログラムを用いる方法、(3) グリッドマークが開発した Sound Linker というソフトウェアを用いる方法です。本書で、それぞれの方法を詳しく説明してありますので参照してください。

・・

Q5 どのようなツールを用いて、音声を再生するのですか？

A5 シールにリンクした音声を再生するには、G-Speak、または G-Talk という音声ペンを用います。どちらもグリッドマークから発売されています。本書では、G-Speak を用いた方法を解説しています。どんなものか試してみたい教師は、本書の編著者の一人である生田までご相談ください。

Q6 ドットコードシールに、動画などをリンクするには、どうすればよいのですか？

A6 (1)File Linker というソフトウェアを使って WindowsPC 用のスタンドアロンアプリケーションを作成する方法、(2)GCV というアプリケーションで iPad 用のコンテンツを作成する方法があります。本書では、この2つの方法についても、詳しく解説してあります（113 ページ参照）。

Q7 どのようなツールを用いて、動画を再生するのですか？

A7 WindowsPC に動画を再生するには、音声ペンである G-Speak を用います。iPad で動画を再生するには、G-Pen Blue という Bluetooth 機能を持つドットコードリーダーを用います。G-Speak、G-Pen Blue ともに、グリッドマークが発売しています。どんなものか試してみたい教師は、本書の編著者の一人である生田までご相談ください。

Q8 グリッドマークのドットコードを用いた全国的な学校の教師の研究グループがあると聞いたのですが？

A8 本書の編著者の1人である生田が主宰する、学校の先生との「手作り教材の制作と教育実践」を進める研究グループがあります。グリッドマーク株式会社の支援を得ながら、課題を抱えた児童生徒の「これまではできなかったことを可能にする」活動に挑戦しています。詳しいことをお知りになりたい先生は、生田までご連絡をお願いします。

Q9 音声ペンやドットコードリーダーを用いたコンテンツ作りなどを試してみたいのですが？

A9 はい。挑戦していただけるとうれしく思います。学校として教材費などの工面ができる先生は、グリッドマークに相談をしてください。工面が難しい先生は、本書の編著者の一人である生田に、ご相談ください。

Q10 ソフトウェアやマニュアル、デモファイルなどが置かれている WEB ページはありますか？

A10 はい。用意してあります。本書の編著者の一人である生田にメールで、直接お尋ねください。

- -

Q11 これまでの実践事例は、この本に掲載されているものの他に、どのようなものがありますか？

A11 本書には、全国の特別支援学校や特別支援学級の教師の代表的な実践例を掲載しています。大妻女子大学の「人間生活文化研究」という雑誌には、年度ごとの実践事例が掲載されています。また、アメリカの IGI-Global という出版社から発刊された、いくつかの本の中に Chapter paper として掲載されています。90 ページに代表的なものを挙げてみました。

- -

Q12 音声ペンの録音機能で作ったコンテンツを後で再利用したいのですが，どうすればよいですか？

A12 次の２つの方法があります。
(1) コンテンツごとに音声ペンの MicroSD Card を取り替える方法です。
(2) 音声ペンを USB-Micro(B) ケーブルで PC に接続し、音声ペンの MicroSD Card の中の GMVRC フォルダー内に作られているフォルダーを PC に保存しておく方法です。

- -

あとがき

　シールにタッチするだけで音声が出る！　それも自分で好きな言葉を簡単に録音できて、自由に教材を作成することができるなんて。

　数年前、ある研修会で見かけた音声ペンに私は一瞬で釘づけになりました。音声ペンとそれを紹介してくださった生田先生との出会いは私にとって、とても幸運な出来事の１つでした。

　私は30年特別支援学校で教師をしていますが、今まで発語のない児童生徒とのコミュニケーションは、ハンドサインやカードに頼ってきました。まして、発語のない児童生徒でサインもうまく使えないと、教師主導で、一緒に挨拶やサインをすることがほとんどでした。しかし、この音声ペンを使えば、今まで受動的にしか人前での発表ができなかった児童生徒が自分の意思で伝えたい言葉を選んで発表することができると言うのです。

　研修でペンを紹介していた先生からすぐに生田先生を紹介してもらい音声ペンを使い始めました。まず、最初にコミュニケーションの手段としてコミュニケーションブックを作って、何かをしたいときの発信に活用してみました。「抱っこしてほしい」「バスを見たい」など、今までなんとなく要求を汲みとっていたのが、自分で選択してシールをタッチすることで周りにはっきりと伝わるようになってきたのです。それから、最初は二人で始めた実践は学校全体に広まっていきました。

　ほかにも音声ペンで教材を作ることで、発語のない児童生徒が一人で司会の役割を果たすことができるようになったり、読めなかった絵本を一人で楽しむことができるようになったり、またひらがなの学習に活用したりと先生方のアイデアで実践の幅も広がってきました。また、生田先生から定期的に実践報告集をいただくことで、全国での音声ペンの取り組みを参考にしてまた新たな教材を作っていくこととなったのです。

　音声ペンの取り組みは特別支援学校を始めとして、小学校でも活用されています。本書でも小学校での実践を取り上げましたが、英語の発音や社会科の調べ物学習、また、合理的配慮として

試験問題の読み上げなどに活用されています。支援学級や通級指導教室でもきっと学習やコミュニケーション、また、家庭であったり余暇の時間に使えたりすることは全国の先生方の実践をみれば明らかです。

　今回この本を作るに当たってはたくさんの先生方の実践を提供していただきました。ご協力をくださった先生方、本当にありがとうございます。また編者である生田先生、根本先生、山口先生、石飛先生、大変お世話になりました。

　最後まで本書を読んでいただいてありがとうございます。皆様に少しでも子どもたちとの日々の生活に、教育にこの教材とアイデアを活かしていただけたらこんなにうれしいことはありません。

富山仁子

[参考文献]

1.　ドットコードを用いた手作り教材の制作と教育実践、人間生活文化研究、30, 802-824, 2020：http://journal.otsuma.ac.jp/2020no30/2020_802.pdf

2.　手作り教材の制作と教育実践――一人ひとりの「できること」を広げる取り組み―、人間生活文化研究、29, 695-741, 2019：http://journal.otsuma.ac.jp/documents/2019_695.pdf

3.　学校の先生と取り組む手作り教材の制作と教育実践、人間生活文化研究、28, 137-178, 2018：http://journal.otsuma.ac.jp/2018no28/2018_137.pdf

4.　学校の先生と取り組む合理的配慮指針に基づく手作り教材の制作と教育実践、人間生活文化研究、27, 156-204, 2017：http://journal.otsuma.ac.jp/2017no27/2017_156.pdf

5.　最新の情報処理技術を活用した手作り教材の制作と教育実践――国内外の共同研究者との協働の取り組み、人間生活文化研究、26, 239-262, 2016：http://journal.otsuma.ac.jp/2016no26/2016_239.pdf

6.　最新の情報処理技術を活用した手作り教材の制作と教育実践――国内外の共同研究者との協働の取り組み、人間生活文化研究、25, 37-64, 2015：http://journal.otsuma.ac.jp/2015no25/2015_37.pdf

7.　Ikuta, S., Takagaki, Y., Sone, R., Ozaki, K., & Abe, S. (2021). *Collaborative Learning Community Facilitating Inclusive Learning Settings: Providing Reasonable Accommodations* for Students with Disabilities. In D. AuCoin (Ed.), Building Integrated Collaborative Learning Comunity Facilitating Inclusive Learning Settings (pp. 181-214). Hershey, PA: IGI Global. doi:10.4018/978-1-7998-6816-3.ch008

8.　Dalton, E., Gronseth, S., Jackson, B., Hillaire, G., Ikuta, S., Arndt, J., Robinson, D. & Cooper, K. (2021). *Varied Pathways of a UDL Journey: Strategic Inclusive Design Reflections and Next Steps.* In E. Langran & L. Archambault (Eds.), Proceedings of Society for Information Technology & Teacher Education International Conference (pp. 1662-1666). Online, United States: Association for the Advancement of Computing in Education (AACE).

9.　Ikuta, S., Yamaguchi, R., Ogawa, T., Iwata, R., Kawabata, Y. & Abe, S. (2021). *Speaking-Pen as a Learning Tool for Blind Students.* In E. Langran & L. Archambault (Eds.), Proceedings of Society for Information Technology & Teacher Education International Conference (pp. 1674-1683). Online, United States: Association for the Advancement of Computing in Education (AACE).

10.　髙津梓、奥田健次、田上幸太、田中翔大、生田茂：特別支援学校における発話の困難な知的障害児の言語表出を促進する ICT の活用と継続、特殊教育学研究、58(4)、283-292、2021.

11.　Ikuta, S., Ouchi, C., Tomiyama, J., Katagiri, Y., Hoshi, S., Sakai, N., Kisaka, C., Hara, N., Nakamura, H., & Ozaki, K. (2021). *School Activities for Autistic Children Using Newly Developed Software and Tools,* In Y. Kats & F. Stasolla (Eds.), Education and Technology Support for Children and Young Adults with ASD and Learning Disabilities (pp. 125-148). Hershey, PA: IGI Global. doi:10.4018/978-1-7998-7053-1.ch007.

12.　Ikuta, S., Sakurai, E., Takayanagi, M., Suzuki, N., Horiuchi, M., Nakano, H., Tamai, Y., Sugibayashi, K., Yoshida, M., Kaneko, C., Nakazawa, Y., Yamashita, Y., Yamashita, S., Oshima, M., & Abe, S. (2021). *University Students: Schoolteachers Partnership With Newly Developed Technologies. In D. Farland-Smith (Ed.), Enhancing Learning* Opportunities Through Student, Scientist, and Teacher Partnerships (pp. 133-157). Hershey, PA: IGI Global. doi:10.4018/978-1-7998-4966-7.ch008

13. Ikuta, S., Ueda, S., Yamazaki, M., Niwa, J., Moriya, N., Fujieda, H., Saotome, N., & Abe, S. (2021). *School Rehabilitation Practices Using Multimedia-Enabled Dot Codes Technology.* In A. Singh, C. J. Yeh, S. Blanchard & L. Anunciação (Eds.), Critical issues in Special Education for School Rehabilitation Practices (pp. 200-223). Hershey, PA: IGI Global. doi:10.4018/978-1-7998-7630-4.ch011

14. Gallup, J., Perihan, C., Tatsuma, Y., & Ikuta, S. (2021). *Creating Inclusive Functional Content Using Dot Codes: An Exploration of Multistep Recipes for Individuals with Autism in Post-Secondary Setting,* In Y. Kats & F. Stasolla (Eds.), Education and Technology Support for Children and Young Adults with ASD and Learning Disabilities (pp. 149-166). Hershey, PA: IGI Global. doi:10.4018/978-1-7998-7053-1.ch008

15. Ikuta, S., Watanuki, M., & Abe, S. (2021). *Multimedia-Enabled Dot Codes as Communication Aids,* In Mehdi Khosrow-Pour (Ed.), Handbook of Research on Modern Educational Technologies, Applications, and Management (pp. 331-345). Hershey, PA: IGI Global. doi:10.4018/978-1-7998-3476-2.ch020

16. Ikuta, S., Urushihata, C., Saotome, N. & Abe, S. (2020). *School Activities for Disabled Students Using Self-Made Contents With Multimedia-Enabled Dot Codes.* In D. Schmidt-Crawford (Ed.), Proceedings of Society for Information Technology & Teacher Education International Conference (pp. 2017-2026).

17. Ikuta, S., Sakurai, E., Tkayanagi, M., Suzuki N., Horiuchi, M., Tamai, Y., Sugibayashi, K., Yoshida, M., Kaneko, C., Nakazawa, Y., Yamashita,S., Oshima, M., & Abe, S. (2020). *University Students - Schoolteachers Partnership With Newly Developed Technologies.* In D. Schmidt-Crawford (Ed.), Proceedings of Society for Information Technology & Teacher Education International Conference (pp. 1766-1770).

18. Ikuta, S., Ishitobi, R., Nemoto, F., Urushihata, C., Yamaguchi, K., & Nakui, H. (2020). *Handmade Content and School Activities for Autistic Children with Expressive Language Disabilities,* In Mehdi Khosrow-Pour, Steve Clarke, Murray E. Jennex, and Ari-Veikko Anttiroiko (Eds.), Accessibility and Diversity in Education: Breakthroughs in Research and Practice (pp. 464-492). Hershey, PA: IGI Global. doi:10.4018/978-1-7998-1213-5.ch024

19. Ikuta, S., Yoshida, A., Ishitobi, R., Kudo, M., Sekine, M., Yamashita, S., Edagawa, Y., Edagawa, T., & Abe, S. (2020). *Software Handling Multimedia-Enabled Dot Codes and School Activities for Students with Disabilities,* In Shigeru Ikuta (Ed.) Handbook of Research on Software for Gifted and Talented School Activities in K-12 Classrooms (pp. 217-242), Hershey, PA: IGI Global. doi:10.4018/978-1-7998-1400-9.ch010

20. Ikuta, S. & Hisatsune, Y. (2019). *Handcrafted customized content and school activities with newly developed technologies.* In S. L. Gronseth & E. M. Dalton (Eds.), Universal access through inclusive instructional design: International perspectives on UDL (pp. 164-172). Abingdon, UK: Routledge.

21. Ishitobi, R., Nemoto, F., Sugita, Y., Nakamura, S., Iijima, T., Takatsu, A., Taniuchi, M., Harada, K., Kanno, Y., Tagami, K., Tanaka, S., Yamashita, M., & Ikuta, S. (2019). *Original Teaching Materials and School Activities for Students With an Intellectual Disability,* In Shigeru Ikuta (Ed.). Handmade Teaching Materials for Students With Disabilities (pp. 111-131). Hershey, PA: IGI Global. doi:10.4018/978-1-5225-6240-5.ch005

22. Ikuta, S., Yamashita, S., Higo, H., Tomiyama, J., Saotome, N., Sudo, S., Hoshi, S., Endo T., Narushima, T., Suzuki, K., & Watanuki, M. (2019). *Original teaching materials and school activities for students with multimedia-enabled dot codes.* In S. Ikuta (Ed.), Handmade teaching materials for students with disabilities (pp. 50-75). Hershey, PA: IGI Global. https://doi.org/10.4018/978-1-5225-6240-5.ch003

23. Ikuta, S., Ishitobi, R., Nemoto, F., Urushihata, C., Yamaguchi, K., & Nakui, H. (2016). *Handmade content and school activities for autistic children with expressive language disabilities.* In Y. Kats (Ed.), Supporting the education of children with autism spectrum disorders (pp. 85-115). Hershey, PA: IGI Global. doi.org/10.4018/978-1-5225-0816-8.ch006

■編著者紹介

生田　茂（いくた・しげる）

大妻女子大学人間生活文化研究所　特別研究員
東京都立大学、大妻女子大学　名誉教授
東北大学大学院理学研究科博士課程修了（理学博士）。専門は特別支援教育、教育実践学。現在は全国の学校の教師とともに、情報処理技術を活用し、一人ひとりの困り感に対応した「手作り教材を制作し、教育実践」を行う取り組みに挑戦している。

根本文雄（ねもと・ふみお）

筑波大学附属大塚特別支援学校 教諭・前副校長
特別支援教育に携わり、一人ひとりの子どもにあわせた手作りの教材教具を30年以上作成し、実践してきました。そんな中で生田先生と出会いから生まれた音声発声に関わる教材にも10年以上携わってきました。数人の仲間からはじめて、いつか日本や世界の必要とされる人たちに届けたいと願ってきました。今回は、そのその思いが一つかなって大変喜んでます。ご協力いただいた方々に感謝申し上げます。

山口京子（やまぐち・きょうこ）

千葉県立我孫子特別支援学校 教諭
筑波大学附属大塚支援学校在勤中に生田先生からサウンドリーダー・音声ペンを紹介していただき、教材の作成と実践を重ねてきました。今後も子供たちの可能性を信じ、個々の実態、困り感に合わせて教材の作成のお手伝いができるとうれしいです。

富山仁子（とみやま・じんこ）

栃木県立那須特別支援学校 教諭
前任校の栃木県立富屋特別支援学校において、生田先生と出会い音声ペンを活用し始め、児童の実態に即した教材を作成して実践を深めてきました。現在は栃木県立那須特別支援学校にて実践をすすめています。

石飛了一（いしとび・りょういち）

筑波大学附属大塚特別支援学校 教諭
生田先生が筑波大学にご勤務されていた時にサウンドリーダーをご紹介いただいたことをきっかけに音声教材づくりに取り組み始めました。音声ペンは、支援者のアイデアと工夫次第でいろんなことができる夢の教材です。これからも皆様と共に実践を積み上げていきたいと思います。

■編集協力

都立府中けやきの森学園　山下さつき
元弘前大学教育学部附属特別支援学校　葛西美紀子
兵庫県立西はりま特別支援学校　永瀬揚子
川崎市立田島支援学校　野口朱実
町田市立本町田東小学校　金子千賀子
福岡県　和田幸子

■教材作成協力

大妻女子大学　江藤　礼、遠藤安由美、圷　優香、熊谷円花、中井沙季、小泉桃奈、杉林佳奈、吉田萌華、深井南津子、尾高萌里、中野ほなみ、玉井優衣

■執筆者一覧

福岡県立太宰府特別支援学校　尾﨑敬子

栃木県立那須特別支援学校　片桐やよえ

千葉大学教育学部附属特別支援学校　佐々木大輔

宇都宮大学共同教育学部附属特別支援学校　五月女智子、鎌田麻恵

神戸市立盲学校　大前洋介

千葉県立つくし特別支援学校　遠藤貴裕

栃木県立那須特別支援学校　君島正規

千葉県立八千代特別支援学校　神戸聖明

山口県立豊浦総合支援学校　坂井直樹

山口県立宇部総合支援学校　木坂千明

児童支援事業所 ぷらみんぽーと　中津川　彩

長野県上田養護学校　原　伸夫

千曲市立屋代小学校　中村宏美

千葉県立つくし特別支援学校　遠藤貴裕

広島県立福山北特別支援学校　高垣　有

大阪府立大阪南視覚支援学校　川野学都

(株) 薫化舎コンサルタンツ 東京オフィス らんふぁんぷらざ　古山登紀子

東京都立武蔵野北高校 英語科　乾　麗子

東京都立町田の丘学園　長田智少美

石川県立小松特別支援学校（前任校 石川県立いしかわ特別支援学校）　高鍬　裕

筑波大学附属大塚特別支援学校　杉田葉子

東京学芸大学附属特別支援学校　松本　晃

神戸市立盲学校　黒田徳子

栃木県立特別支援学校宇都宮青葉高等学園　星　祥子

川崎市立田島支援学校 桜校　小野島絵里奈

大分県スクールカウンセラー　久恒由美

千葉県立湖北特別支援学校　礒部美保子

絵本専門士・元東京都西多摩郡奥多摩町立氷川小学校図書支援員　大島真理子

明星大学 教育学部 特任教授　阿閉暢子

福岡市立壱岐中学校　浅見亨郁

東京都立府中けやきの森学園 知的障害教育部門高等部　笠　公輔

千葉県立市川特別支援学校　漆畑千帆

都立府中けやきの森学園（当時）都立町田の丘学園（現任校）　肥後隼人

[これまで開発されたソフトウェア]

1. filelist.csv ファイルと NANA.exe （Windows OS 用）
2. Sound Linker
3. File Linker
4. GM オーサリングツール
5. GCV
6. filelist.csv ファイルと NANA （MacOS/UNIX 用）

　上記のソフトの 1-5 は、グリッドマーク株式会社が、6 は生田が作成しました。試してみようという先生は、生田 (shigeru.ikuta@gmail.com) まで、ご連絡ください。

[マニュアル]

　上記ソフトのマニュアルについては、生田が作成したものが用意してあります。必要とする方は、生田 (shigeru.ikuta@gmail.com) まで、ご連絡ください。

[デモファイル]

　上記のソフトを使って、コンテンツを作るために、サンプルデータを用意してあります。
必要な方は、生田 (shigeru.ikuta@gmail.com) まで、ご連絡ください。

　この本の中で扱っている音声ペン G-Speak、G-Pen Blue の取り扱いについては下記にお問い合わせください。

．．

Gridmark

【グリッドマーク株式会社 営業所】

E-mail：sales@gridmark.co.jp

受付時間：平日 10-17 時 （土日祝日、年末年始除く）

本文デザイン　佐藤　健
組版　Shima.
装幀　アップライン株式会社

今すぐ使える！
特別支援教育 音声ペン活用教材 40
教科学習・自立活動で子どもたちの読む・聞く・話すをサポート

2021 年 9 月 10 日　第 1 刷発行

編著者　生田茂＋根本文雄＋富山仁子＋山口京子＋石飛了一
発行者　坂上美樹
発行所　合同出版株式会社
　　　　東京都小金井市関野町 1-6-10
　　　　郵便番号　184-0001
　　　　電話　042（401）2930
　　　　振替　00180-9-65422
ホームページ　https://www.godo-shuppan.co.jp/
印刷・製本　株式会社シナノ

■刊行図書リストを無料進呈いたします。
■落丁乱丁の際はお取り換えいたします。

ISBN978-4-7726-1469-6　NDC370　257 × 182